大夏书系·语文之道

统编教材，这样教更有效

听王林波老师上语文课

王林波 著

华东师范大学出版社
ECNUP
全国百佳图书出版单位
·上海·

图书在版编目（CIP）数据

统编教材，这样教更有效：听王林波老师上语文课/王林波著.—上海：华东师范大学出版社，2021

ISBN 978－7－5760－2097－7

Ⅰ.①统… Ⅱ.①王… Ⅲ.①小学语文课—教学法 Ⅳ.① G623.202

中国版本图书馆 CIP 数据核字（2021）第 168314 号

大夏书系·语文之道

统编教材，这样教更有效
——听王林波老师上语文课

著　者	王林波
策划编辑	李永梅
责任编辑	韩贝多
责任校对	杨　坤
封面设计	奇文云海·设计顾问
出版发行	华东师范大学出版社
社　址	上海市中山北路3663号　邮编　200062
网　址	www.ecnupress.com.cn
电　话	021－60821666　行政传真　021－62572105
客服电话	021－62865537
邮购电话	021－62869887　地址　上海市中山北路3663号华东师范大学校内先锋路口
网　店	http：//hdsdcbs.tmall.com
印刷者	北京季蜂印刷有限公司
开　本	700×1000　16开
插　页	1
印　张	17
字　数	251千字
版　次	2021年10月第一版
印　次	2023年10月第三次
印　数	9 101-10 100
书　号	ISBN 978－7－5760－2097－7
定　价	55.00元
出版人	王　焰

（如发现本版图书有印订质量问题，请寄回本社市场部调换或电话021-62865537联系）

序一 把专业成长的根扎在课堂里

认识林波,是在 2018 年的 5 月,教育部首批领航名师的首次集中培训会上。集中培训结束后,各个培养基地要进行宣讲,学员们填报志愿,选择培养基地。首批名师领航班中小学语文学科的学员仅 23 人,其中 9 人选择了上海师范大学,林波便是其中之一。从此我们便有了近距离的接触。

2018 年 9 月,上海师范大学名师领航班学员集中培训,我对林波有了更多的了解。林波上过很多的公开课,谈到小学语文教学,他的眼里是闪着光芒的。

培训期间,林波听课非常专注,他一边思考一边记录,往往一节课结束后,他就整理好了笔记,发到了群里供大家参考。2018 年 11 月,学员在汇报自己的教学主张时,他鲜明地提出了"指向语用,识体而教"的教学主张。

2019 年 6 月,教育部组织各个培养基地进行工作汇报,同时还要求选出一位学员代表进行学习汇报。我们不约而同地推选了林波。那次,上海师范大学名师培养基地的汇报还是挺震撼的,给与会人员留下了深刻的印象,而林波,也给我留下了深刻的印象。在短短一年的时间里,他上了那么多节公开课,发表了那么多篇文章。当时林波已经出版了两本著作,其中《指向"语用"的阅读教学实践》一书已经是第二次印刷了。

2019 年 12 月,上海师范大学支教新疆喀什,除了我的讲座,还需要带上一节示范课。我们再一次不约而同地推选了王林波老师。那天我与林波先后到达喀什机场,一同前往宾馆,入住时已经是凌晨四点。第二天早上是我的讲座,林波的课在下午,但是他坚持要一同出发,晚上回到宾馆已是十点多了。那天下午,林波给喀什的学生上课,从孩子们的眼神中,从孩子们在课堂上轻松的交流中,从听课老师会心的笑声中,从不时响起的掌声中,我看到了林波课堂教学的魅力。

按照教育部的要求，今年4月，上海师范大学组织名师领航班学员进行总结汇报，在每个学员准备总结材料的同时，我也在整理基地的汇报材料。最终成册的材料中，文章发表一栏，呈现的多是林波的成果，六七十篇文章，发表在《语文教学通讯》《小学语文教学》《小学语文教师》《小学教学》等广大一线教师最常阅读的刊物上。

总结汇报的项目之一是学员的汇报课。我知道，林波平时上的更多的是高年级的课，但另一位学员已先选择了高年级的课，我就跟林波商量，看他能不能上一节低年级的语文课。林波爽快地答应了。那节二年级的《我是一只小虫子》充满了童趣，充满了欢笑，在轻松愉悦的氛围中，孩子们收获满满。吴忠豪教授给予了充分的赞誉，听课的上海的老师们也赞叹不已。

统编教材，林波教得很有心得，他应该把这样的经验传播出去。当我刚有了这样的想法时，林波已经写完了书稿，书名就是《统编教材，这样教更有效》。

打开书稿，惊喜不已，无论是散文、文言文、寓言、童话、古诗词的教学，还是统编教材中刚刚出现的策略单元、习作单元的教学，他都拿出了实践过的课例，很有参考价值。林波善于思考，也善于总结，每一个章节都撰写了这一类课文怎么教的方法指导文章，将这些指导文章与课例结合起来读，再辅之以名师点评，这对一线教师是很有帮助的。

期待这本书的出版，期待林波在专业上有更好的发展，期待更多的一线教师立足课堂，多思考，多研究，上好统编小学语文课，做一个受学生欢迎的小学语文教师！

上海师范大学　王荣生

序二　成长的内涵

成长是一种天赋，关键看你怎么用。

十多年前，我去西安讲课。主办方告诉我，上午安排了两位老师，第一位叫王林波，是西安本地人，我排在他之后。我说，好啊！都是咱们王家的。到会场时，王林波老师的课已经过了一半。我坐在第一排，静静地听他后半场课。课很质朴，不事浮华，没有蔓枝。细想起来，这应该是我第一次现场聆听陕西本地名师的课。据我所知，从大西北的土地上成长起来的语文名师不多，而能在语文课上呈现出大西北特有的文化气息的语文名师更少。因为稀罕，我记住了王林波老师。

不管你承不承认，文化的乡土必定是我们成长的根柢。当然，根柢不应该成为某种束缚，相反，成长总是意味着对固有环境的超越。之后，他的《丑石》，质朴中洋溢着散文意象的无言之美；他的《走遍天下书为侣》，简约洗练，却独具只眼、独辟蹊径，以"演讲稿"架起一条崭新的读写管道；他的《背影》，依然洗尽铅华、不蔓不枝，却能自觉依循言语实践的节律，疏密有致，学思并重，达致语言和精神协同发展的课堂佳境。我知道，每一步的成长都是艰难的，甚至是艰险的。对生于斯、长于斯的乡土文化的超越，一定伴随着独上高楼的寂寞与孤独，衣带渐宽的煎熬与磨砺。个中甘苦，也许只有当事人自己才能冷暖自知。

2018年9月，上海师范大学邀请我担任教育部首期名师领航班学员的实践导师。走进那间不大的会议室，我看到了王林波老师。惊讶是自然的，毕竟，能成为国家级名师领航工程的培养对象，殊为不易。众多的候选对象，严格的选拔程序，卓越的评审标准，长期的实践砥砺，最后入选的，无疑都是名师圈中的出类拔萃者。人的成长,很大程度上取决于某些关键节点,而这些关键节点的出现,离不开命运之神的青睐,更离不开自己的时刻准备着。

随后的领航研修证明了这一点。在向导师们汇报各自的教学主张时,王林波老师提出了"指向语用,识体而教"的课程教学理念。他指出,长期以来,语用教学存在着表面化、模式化、形式化的倾向,严重制约着学生语文素养的提升。为破解上述难题,他已经开展了长达十多年的语用教学探索,并逐步提炼出相应对策:让语言运用与课文内容相融合,破解语用教学的表面化倾向;让每一篇课文凸显独一无二的特点,破解语用教学的模式化倾向;让语言运用与精神发展同构共生,破解语用教学的形式化倾向。

王林波老师的汇报,给与会专家和导师留下了深刻印象。我以自己的实践经历推断,他绝对是有备而来。他备了什么?首先,是课程教学变革方向的具备。这个变革方向,就是"指向语用"。真正的成长,不是漫无目的的改革,而是守望星空的跋涉。星空是意义,是鹄的,是方向,在王林波老师这里,"指向语用"便是他十几年孜孜矻矻、不离不弃的语文教学星空。失去方向的改变,成长又有多少意义?其次,是扎根语文教学实践大地的储备。一堂又一堂的公开课、研究课、展示课,一篇又一篇的课后反思、经验总结、学理分析,一个又一个的教学设计、文本解读、案例叙事,给了王林波的成长以丰厚的经验积淀、坚实的叙事根基。守望星空绝非好高骛远,真正的成长必定在实践的大地上留下一串串清晰的脚印。最后,是献身语文教育事业情怀的准备。成长,根本上是一个自我实现的过程。而所谓的自我实现,则是从"小我"扩充、生发、确证为"大我"的过程。对一个优秀的语文老师而言,将自己有限的生命全然投入到整个语文教育事业中,忘我学习,无我精进,最终成全每个学生的言语生命、诗意人生,乃是职业意义上的自我实现。对此,王林波老师没有喊出过动听的誓言,也没有写下过感人的金句,但我们从他真诚的教育叙事中看到,语文早已是他人生的归止,课堂则完全是他生命的道场。

2019年12月,《小学语文教学》杂志主编杨伟说有一套小学语文十大青年名师的丛书要出版,希望我能写一段推荐语。翻开丛书目录,王林波的名字赫然在列。我的推荐语是这样写的:

小语丛林，万木争荣。在众多语文名师中，潜心深植于课堂的青年名师殊为难得。他们的教学，或俊秀挺拔，或婀娜多姿，或疏淡恬静，或生机勃勃……栖息在语文的原野，他们摇曳出各自的风采，成为小语教坛亮丽的风景线。

王林波老师以他自己独特的课程理念和教学风格，装点着小语教坛那一道亮丽的风景线。

而他的成长，对环境、对自身、对机缘的不断超越，则成就了他自己人生的一道亮丽的风景线。

前段时间，王林波老师打电话给我，说有新书要出版，希望我写篇序言。说实话，那段时间我要务缠身，但还是答应了。一方面，作为实践导师，我有责任见证、激励学员的成长；另一方面，我想王林波的成长有着特殊的意义和作用，一位来自大西北的老师，在条件相对艰苦、师训相对滞后的情况下，能坚信自己成长的力量，不放弃，不抛弃，敢于直面困难，不怨天尤人，不推诿他人，自觉地负起自我成长的全部责任，义无反顾地献身自己钟爱的事业，终于铸就自己人生的高地。那么，其他老师呢？

成长是一种天赋，更是一种信仰。

我们在王林波老师的新书里，不仅能读到统编语文教材怎么教的具体路径和方法，更能读到一种成长的启示。那是我们每个人与生俱来的天赋，也是我们需要在自己的人生道路上不断抉择、不断确证、不断超越的信仰。

是为序。

杭州师范大学　王崧舟
2021 年芒种于泊静斋

目 录
Contents

辑一　散文教学

003　散文，这样教更有效

009　有效聚焦，凸显文体特点
　　　——以景洪春老师的《匆匆》一课为例

020　语言有变化，表达更灵动
　　　——《火烧云》教学实录

032　让学习深度发生，让语用有效落实
　　　——《荷叶圆圆》教学实录

041　关注表达方式，落实语言运用
　　　——《美丽的小兴安岭》教学实录

辑二　文言文教学

059　文言文，这样教更有效

068　古今对照，在语言实践中感悟文言文的魅力
　　　——《司马光》教学实录

079　有方法，理解更轻松
　　　——《囊萤夜读》教学实录

辑三 寓言与童话教学

091 寓言故事,这样教更有效

100 落实语言运用,凸显文体特征
——《揠苗助长》教学实录

112 关注对话,学习表达
——《狐狸分奶酪》教学实录

124 发现表达秘妙,讲好童话故事
——《青蛙卖泥塘》教学实录

134 虫我合一,入情入境的课堂更好玩
——《我是一只小虫子》教学实录

辑四 古诗词教学

古诗词,这样教更有效 149

顺学而导,焕发古诗词教学的魅力 158
——以薛法根老师的《清平乐·村居》教学片段为例

诵读中品诗韵,比较中悟诗情 167
——《咏柳》教学实录

辑五
策略单元教学

179　策略单元，这样教更有效

187　策略单元的教学困惑及对策探究
　　　——以四年级上册第二单元为例

198　紧扣重点词，学会有效质疑
　　　——《呼风唤雨的世纪》教学实录

215　在质疑解疑中提升语文素养
　　　——《蝴蝶的家》教学实录

习作单元，这样教更有效　227

关注文体特点，落实语言运用　238
　　　——《松鼠》教学实录

比较中发现文体特点，实践中学习说明方法　249
　　　——《太阳》教学实录

辑六
习作单元教学

辑一
散文教学

散文,这样教更有效

散文是一种抒发作者真情实感、写作方式灵活的记叙类文学体裁。在当前的小学语文教材中,散文类的选文非常多,分布非常广,从一年级到六年级,每一册书中都有不少散文作品。可以说,教学散文,老师们是有经验的,特别是从教时间长一些的老师,经验就更加丰富了。但正是由于这些"经验"的影响,散文教学却步入了模式化的境遇,导致教学效率不高。那么,小学阶段的散文到底该怎么教才有效呢?

一、把握文体特性,教好这一类

散文形散神聚,形散既指题材广泛、写法多样,又指结构自由、不拘一格。可以说散文所选取的写作素材是非常多样的,这些素材单独放置在那里就像一颗颗散落的珍珠,每一颗都很美,但彼此却缺乏联系。当作者用一根线将其串联起来时,这一颗颗美丽的珍珠便相得益彰、熠熠生辉了。这根线就是贯穿全文的线索,也就是我们常说的"中心",神聚之所指。

《猫》是著名作家老舍先生的经典散文作品,选编在统编教材四年级下册的第四单元。细读这篇文章,我们不难发现,在作者笔下,大猫性格古怪,小猫十分淘气,但都那么可爱。虽然作者既写到了大猫,又写到了小猫,但聚焦的都是猫的可爱。以大猫为例,课文用了三个自然段在写它,透过文字,我们能够看到这只猫的老实,也能看到它的贪玩、尽职;我们能够看到这只猫的温柔可亲,也能看到它的一声不吭;我们能看到这只猫的勇敢,也能看到它的胆小。

这篇课文的内容看似多元，实则十分聚焦，主旨十分突出，所有选材围绕的就是一个中心——猫的可爱。

教学散文，我们既要关注作者选材的丰富性，视角的多元性，还要注意文章中心集中的特点，学会聚焦核心内容进行教学。学习这一课，在教学大猫性格古怪的部分时，我们就可以紧扣重点句"猫的性格实在有些古怪"，引导学生进行发散性阅读，找到那一个个可以凸显出猫性格古怪的词句来，然后把这些词句串联起来，具体说一说猫的性格是如何古怪的。在这"一放一收"中，学生对于散文"形散神聚"的特点便有了感知。

紧接着，我们可以引导学生聚焦课文第一自然段，在反复细读、对比读的过程中，发现作者语言表达的方法，找到典型句式"说它……吧，它的确……。可是，……"。用这个典型句式，作者关联起了老实、贪玩、尽职这三个看似矛盾的性格特点。那么，温柔可亲和一声不吭，胆小和勇敢这两组看似矛盾的性格特点是否也可以用上这个典型句式进行表达呢？这不仅仅是一种语言的实践训练，同时，借由这个典型句式，学生很轻松地就把猫的三组特点串联了起来。

教学第三自然段和第四自然段时，我们可以有意引导学生进行想象，在语言运用的实践中进一步感受猫的可爱。课文第三自然段写道："它若是不高兴啊，无论谁说多少好话，它一声也不出。"紧扣这一句，我们就可以引导学生推测、表达：这只猫一声也不出，谁都会来劝慰它，又会说些什么呢？课文第四自然段写道："它什么都怕，总想藏起来。可是它又那么勇敢，不要说见着小虫和老鼠，就是遇上蛇也敢斗一斗。"抓住这句话，我们可以引导学生想象猫的"什么都怕"，动笔写一写它什么都怕的表现，再读给大家听听。无论是动笔写一写猫一声不吭时他人的劝慰，还是写它胆小的表现，都看似有些散乱、随意，但实际上还都是在围绕着猫的可爱这一特点来写的，内容非常集中，指向非常明确。

这就是散文，内容看似零散，但实际上中心明确：针对散文这一类文体的表达训练看似独立，但实际上指向集中。教学散文，我们就应该引导学生经历这样分分合合的过程，就应该体现出这类课文独有的教学方式来。

二、紧扣文本特点，教好这一课

形散神聚是散文这一类文章的特点，但细读每一课，我们会发现同为散文，语言表达上却又风格迥异，各具特色。同样表现自然风光的美丽，甚至题目都有些相似的两篇课文《美丽的武夷山》和《美丽的小兴安岭》写法却截然不同：前者先写山，后写水，写山、写水方法各异；后者则按照季节变化的顺序来写，四个主要段落写法相似。别说是不同作者的不同文章，即便同一篇文章中，我们也可窥探到作者语言的多变性，这种不同与变化恰恰就是这一篇课文语言表达的魅力所在。因此，教学散文，我们除了要教出这一类课文的特点外，还要教出这一课的风格来。

我常常遗憾我家门前的那块丑石呢：它黑黝黝地卧在那里，牛似的模样；谁也不知道是什么时候留在这里的，谁也不去理会它。只是麦收时节，门前摊了麦子，奶奶总是要说：这块丑石，多碍地面哟，多时把它搬走吧。

它不像汉白玉那样的细腻，可以凿下刻字雕花，也不像大青石那样的光滑，可以供来浣纱捶布；它静静地卧在那里，院边的槐荫没有庇覆它，花儿也不再在它身边生长。

仔细品读这两段话，我们很难想象它们出自同一位作家之手，更难以想象它们出自同一篇课文。但这确确实实同为著名作家贾平凹先生的《丑石》一文中的段落，前者让我们有入乡随俗之感，充满了浓浓的乡土气息；后者风格突变，用词考究，对仗工整，充满了文学气息。再细读前者，特别是当我们了解到贾平凹先生讲话方言味儿十足这一特点，尝试着用陕西方言来朗读时，就更有了一番别样的味道，一种从未有过的亲近感油然而生。这样的特点是绝无仅有的，这样的教学是独具魅力的。

"只是麦收时节，门前摊了麦子，奶奶总是要说：这块丑石，多碍地面哟，多时把它搬走吧。"细读课文中的这句话，我们又有了新的发现，一个语气词

"哟"映入了我们的眼帘，回顾生活场景，我们会有一种感觉，这个语气词非常熟悉，非常亲切，是时常萦绕于我们耳畔的。没错，我们的姥姥或者奶奶，我们身边的老人常常会用到这个语气词，而她们在使用这个语气词时，甚至不止一次，而是多个连用，这不就是老人独有的表达习惯吗？教学时，我们就可以抓住这一表达特点，引导学生尝试创造性地运用"哟"字进行表达，凸显出这一课独有的表达风格来。

师：同学们，这段话中还有一个很特别的语气词，大家注意到了吗？

生：哟。

师：生活中有没有听到过谁在说话的时候用到这个"哟"字？

生：老人很喜欢用它，我奶奶一看到我没写作业，而是看电视，就会说：哟，怎么还不写作业，电视你就看不够哟！

生：我姥姥看到我吃饭少，就会说：哟哟哟，你看你，吃饭那么少，怎么能长高呢！

师：是啊，这个"哟"字简直就是老人专用语，有人用一个，有人还连用好几个呢！来，咱们再试着读读这句话，至于用几个"哟"，你来决定！

（出示：只是麦收时节，门前摊了麦子，奶奶总是要说：_____！这块丑石，多碍地面哟，多时把它搬走吧。）

生：只是麦收时节，门前摊了麦子，奶奶总是要说：哟哟哟！这块丑石，多碍地面哟，多时把它搬走吧。

生：只是麦收时节，门前摊了麦子，奶奶总是要说：哟！哟！哟哟哟！这块丑石，多碍地面哟，多时把它搬走吧。

三、联结已有经验，感悟情与理

散文意境深邃，注重表现作者的生活感受，抒情性强，情感真挚，同时很多散文还融情于景、寓情于物、托物言志。教学散文时，我们还应当注意引导学生体会文章背后蕴含的深刻意蕴。散文篇幅短小，这就意味着它必然言简义丰，往往深刻的道理、深厚的情感都在篇幅不长的文章中蕴含着，学生要想领会其中的深意，并不是件容易的事情。因此，联结生活经验就显得极为重要。教学散文，我们要善于引导学生将课文与生活联通，让生活经验助力语言文字的理解和体会，从而提高教学的效率。

《珍珠鸟》是当代著名作家冯骥才先生的作品，选编在统编语文教材五年级上册中。课文以细腻亲切的语言描写了"我"为珍珠鸟创造了自由自在的生活环境，它们由怕人到能与"我"和睦相处，说明了"信赖，往往创造出美好的境界"。课文篇幅不长，但意蕴深刻，文章所揭示出来的"信赖，往往创造出美好的境界"这一主旨对于五年级的学生来说，理解起来是有一定的难度的。因此，在教学过程中，我们要充分利用学生已有的生活或者阅读经验，将新知与旧知有机地联结在一起，从而帮助学生突破难点，感悟课文中蕴含的情与理。

上课伊始，我们可以有效联结学生的生活经验，从学生与动物和谐相处的照片切入，一方面拉近学生与课文学习之间的距离，另一方面让学生初步感受到动物和人之间的关系原来可以如此亲密，彼此之间可以如此信赖，从而引出今天要学习的课文《珍珠鸟》。

当学生经过课文的学习，领会到了人与动物之间这种信赖的美好之后，我们还可以联结旧知，构建起环环相扣的认知体系。

师：同学们，人与动物之间的相互信赖的确是非常美好的，我们来看看曾经学过的一篇课文——老舍先生的《猫》的片段。（出示：它要是高兴，能比谁都温柔可亲：用身子蹭你的腿，把脖子伸出来让你给它抓痒，或是在你写作的时候，跳上桌来，在稿纸上踩印几朵小梅花。）

（学生读后说说自己对信赖的体会。）

师：这就是信赖，老舍给猫抓痒，猫给老舍的稿纸印几朵小梅花，这样的画面又让我们想到了这句话——

生：信赖，往往创造出美好的境界。

师：我们外出游玩时，可能也会和动物亲密接触，你和动物之间有哪些相互信赖的画面呢？

生：我们去海洋公园看海豚表演，海豚还和我握手了呢。

生：我家养了两条鱼，我每天都给它们喂食，它们渐渐就不怕我了，我站到鱼缸跟前，它们也会游过来。

师：这就是一种信赖——

生：信赖，往往创造出美好的境界。

"信赖，往往创造出美好的境界"这句话对于五年级的学生来说的确不易理解，领会有一定的难度，但当我们及时联结学生的已有经验，结合学生的已有认知，层层推进教学时，难点便有效化解了。

散文是小学生最常见的文学体裁，也是教材中为数最多的文学体裁，作为语文教师，我们一定要深入研究散文的教学，让散文教学散发出浓浓的散文味、语文味，成为一道风格独特的亮丽风景。

有效聚焦，凸显文体特点
——以景洪春老师的《匆匆》一课为例

朱自清先生的《匆匆》是一篇经典的散文作品，文章语言表达清新隽永，思想意蕴耐人回味，值得我们反复细读。不过，越是这样的名家名篇，教学起来就越不容易，对于一线教师来说，总有一种望而生畏的感觉。景洪春老师这一课的文本解读十分精准，教学设计相当精妙，她的教学既凸显出了散文这一类文体的特点，又展现出了《匆匆》这一课表达上独有的特点。同时，景老师紧扣重点词句引导学生品析其中意味，精心设计语用点帮助学生提升语文素养，整堂课散发着浓浓的语文味，并且是极具散文文体特点的语文味，值得我们细细品味。

一、聚焦字词，品析其中意味

学语文，必然得关注文中的重点字词句，可到底该关注哪些字词句，很多老师还拿不准，景老师的教学给出了答案：文中那些反复出现的字词句都是值得关注的。一开课，景老师就引导学生直奔重点，聚焦那些反复出现的词句，这样不仅能够让这一课的学习更高效，同时也教会了学生阅读的方法。

教学片段一

师：这篇文章是朱自清先生24岁那年写的，他是著名的诗人、散文家。

预习过课文了,你们知道课文写的是什么匆匆吗?

生:时间。

生:人生。

生:日子。

师:很好。课文只有短短的600多字,出现了很多"日子",发现了吗?数一数,出现了多少个?(生打手势示意十个。)

师:我们在读书的时候要关注这些反复出现的词语。再看,文章中还有些句子反复出现,有个句子反复出现了两次,找一找。

生:我们的日子为什么一去不复返呢?

师:这句话是这篇文章的灵魂。

生:(齐读)我们的日子为什么一去不复返呢?

师:像这样反复出现、反复强调的语句值得我们关注、品味,有助于我们把握作者的情感。请大家打开书,自由朗读全文。这一遍读,注意读通顺,读正确,尤其注意生字的读音。遇到难读的地方,特别是长句子,就多读几遍,边读边注意自己的感受。

语文教学最终是要走向深入的,当学生发现了值得品味的词句后,我们必须引导学生向思维的深处走去,通过多样的方法引导学生理解词语的意思,思考更有深度的问题。《匆匆》一文中的"头涔涔"与"泪潸潸"两个词语是值得品味、用心感受的,景老师的教学层层深入,耐人回味。

教学片段二

师:(板书:头涔涔而泪潸潸,相机指导书写"涔""潸")课前同学们预习过课文,谁来说说"涔"和"潸"分别指什么?

(生交流:"涔",积水;"潸",流泪。)

师:泪、汗等不断地流下,"潸潸"形容流泪不止。那"头涔涔""泪潸潸"又是什么意思?

生:"头涔涔"意思是头上的汗水不断地流下。"泪潸潸"是泪流不止。

师：有一个成语也是讲"泪潸潸"的。

生：潸然泪下。

师：老师现在就是头涔涔，因为灯光照着很热，而朱自清先生为什么头涔涔，并且还泪潸潸？

生：因为他感到恐惧，时间在渐渐流去。

生：为时间的逝去而悲伤、恐惧。

的确，精妙的用词是需要品味的，只有用心感受，我们才能领会到作者遣词造句之精妙。景老师敏锐地发现了值得品味的词语，更可贵的是，她引导学生品味语言的方式是灵活多样的，是非常有效的。对于"头涔涔"与"泪潸潸"，学生相对生疏，于是景老师引导学生联系旧知，结合现场情境进行理解，化难为易，并顺学而导，将学生的思考引向深处：老师现在就是头涔涔，因为灯光照着很热，而朱自清先生为什么头涔涔，并且还泪潸潸？

除了"头涔涔""泪潸潸"这两个词语，这篇课文中反复出现的"赤裸裸"一词也不得不提。"我赤裸裸来到这世界，转眼间也将赤裸裸地回去吧？"一句话中"赤裸裸"两次出现，前后的含义还不相同，值得我们细细品味。景老师不仅引导学生发现了这个词语，还层层推进，在理解词语的基础上，不动声色地让学生领会到了作者写作的主旨，明白了朱自清先生的良苦用心。

教学片段三

师：读书是得咬文嚼字地去品、去悟的。看，又出现两个重复出现的词语，什么词？

生：赤裸裸。

师：意思一样吗？

生：一样。

师：到底一样不一样？有没有自己的想法？

生：一样。我认为一样，都是什么也没带来，什么也没带走。

生：我认为不一样，他赤裸裸地来到这世界的时候，什么东西都没带来，而他赤裸裸地回去，是说他没有做出贡献，没给世人留下些什么。

师：我赤裸裸地来到这世界，当时我是一个婴儿，不可能拥有什么，所以是"我赤裸裸来到这世界"；"赤裸裸地回去"是指自己在这个世界没有留下什么，没有做什么，这就是第二个"赤裸裸"的意思，刚才这位同学的理解很不错。那么，朱自清先生是"赤裸裸地回去"吗？写这篇文章，他是要告诉我们什么呢？

一篇课文就像一个人，个性鲜明，风格独特，朱自清先生的《匆匆》一文就是如此。这一课的表达很有特点，文中不少词句是反复出现的，我们要紧扣这些独特的语言现象去细细品味。"赤裸裸"这一词语两次出现，显然含义不同，景老师没有直接告诉学生，而是让学生经历思考、交流的学习过程，然后再适时点拨、小结。这样一来，学生便真真切切地品到了"赤裸裸"的意味。

二、落实语用，习得表达方法

《义务教育语文课程标准（2011年版）》明确指出：语文是一门学习语言文字运用的综合性、实践性课程。可见，落实语用，提升学生语言文字表达能力是语文教学的重要目标，无论是教学哪一类文体的课文，我们都应该牢固树立语用意识。很多老师都清楚要落实语用，用教材教语文，但往往找不到切入点，发掘不出语言实践点，特别是面对名家名篇时，更是习惯性地欣赏其表达的精妙，而不敢甚至不曾想过可以学习名家的表达方法，引导学生进行语用的实践。《匆匆》是朱自清先生的经典之作，到底该怎样在教学中走向语用呢？景洪春老师精准地解读教材，发现了作者的表达方法，带领着学生进行语言实践，切实提升了学生的语言表达能力。

教学片段四

师：这句话有点长，我们要学会停顿，停顿的过程就是把自己的情绪放进去的过程。

生：(齐读) 于是——洗手的时候，日子从水盆里过去；吃饭的时候，日子从饭碗里过去；默默时，便从凝然的双眼前过去。

师：换成诗歌的形式，长长短短的句子，给人一种节奏感，我们要把这种节奏感读出来。

(生再次齐读。)

师：多美的语言呀，请大家联系自己的生活，看看还可能在什么情况下，日子也这样匆匆而去呢？四人小组讨论，A、B、C、D四位同学各有分工，B、C、D同学选最精彩的一句给A同学，A同学整理后填入空白处，由A同学代表小组汇报，B、C、D同学可以补充。

(四人小组讨论。)

生：散步的时候，日子从脚步中过去；
　　玩耍的时候，日子从欢笑声中过去；
　　写作时，便从笔尖下过去。

师：写得还可以吧？跟你们小组比呢？你们有没有更过人的地方？

生：差不多。

生：洗碗的时候，日子从碗边过去；
　　闲聊的时候，日子从我们的嘴边溜去；
　　跳舞时，便从优美的舞姿中过去。

师：他们小组的怎么样？

生：我觉得我们组的更好。

师：多自信啊！

生：玩游戏的时候，日子从欢声笑语中过去；
　　睡觉的时候，日子从枕边过去；
　　看电视时，便从闪动的屏幕上过去。

师：日子从闪动的屏幕上过去，多好的语言呀！

生：思考的时候，日子从沉默里过去；

看书的时候，日子从书本里过去；

欢笑时，便从翘起的嘴角边过去。

师：不愧是男一号，你的语言有点小朱自清的味道了。

生：思索的时候，日子从脑海里过去；

睡觉的时候，日子从梦中过去；

打电子游戏时，便轻灵地从我们的鼠标上跨过去。

师：刚才我们也是从日常琐碎的事情入手，和朱自清一样，写出了日子匆匆而去。平常，我们也积累了一些珍惜时间的名言，比如——

生：一寸光阴一寸金，寸金难买寸光阴。

生：少壮不努力，老大徒伤悲。

师：在朱自清先生的笔下，是不是也像这些诗句那样直接告诉我们要珍惜时间？吃饭、洗手、发呆、睡觉，这些都是什么样的事？

生：平平常常的事情。

师：是啊，都是日常琐事，那你更喜欢哪一种写法？

生：更喜欢朱自清的写法。

师：为什么？

生：因为这样写很贴近生活，给我们一种亲切感。

师：是的，朱自清先生善于从日常生活中选取一些平凡琐事，把这些平常的事反复写，反复强调，让我们感受到时间需要珍惜。他不是在讲述枯燥无味的大道理，也不是在空洞呼喊，而是通过对平平常常事情的反复吟咏，形成了一种诗的韵律。这是朱自清先生散文的一大特点。

要落实语用，先得发现作者语言表达的特点。景老师在这一课的教学过程中，首先引导学生发现作者借用反复写日常生活中的平凡琐事来表达出珍惜时间这一主旨的写作手法，然后引导学生在对比中发现这一写法的好处，接着请学生回顾生活，合作交流，整理表达的素材，最后进行语言表达的实践。如此层层推进，就让语言运用落到了实处，切切实实地提升了学生的语言表达能力。景老师组织学生进行合作学习并没有流于形式，不是为了合作而合作，她的分工非常明确，B、C、D同学选最精彩的一句给A同学，A同学整理后填入空白处，由A同学代表小组汇报，B、C、D同学可以补充。合理的分工让合作学习变得更加有效，让语用的内容变得更加丰富。

三、识体而教，凸显散文特点

文体不同，语言风格就不同；作者不同，作品的特点就不同。要想让语文教学更具实效性，我们必须学会关注文体特点，识体而教，凸显出这一类文体独有的特点来。《匆匆》是散文名篇，这一课的教学自然要突出散文的特点。景老师的教学可以说是识体而教的典范，不仅散发着浓浓的语文味，也彰显出了鲜明的散文特征。

与小说、戏剧相比，散文与诗歌有着更为紧密的关系。《匆匆》的语言优美而凝练，很多语段就像散文诗，于是景老师将这些表达极有特点的语言变换成诗行，让学生读出节奏，感受诗一般的语言，体会这一篇散文的特点。

教学片段五

（指名读第一节，学生读得略快。）

师：找一位好朋友给你提提建议吧。

生：稍微再有点感情就好了。

（提建议的学生读，语速还是略快。）

师：想不想听听老师的建议？你如果读得再慢一点就好了。

（提建议的学生再读，语速适中。）

师：这句话中有一个破折号，谁能把破折号后面的意思读得更深一层？

（指名读：——是有人偷了他们吧：那是谁？又藏在何处呢？是他们自己逃走了吧：现在又到了哪里呢？）

师：老师发现，如果把这些句子换成诗歌的形式，这些句子就变成了长句和短句。(PPT 出示。)

> 燕子去了，
> 有再来的时候；
> 杨柳枯了，
> 有再青的时候；
> 桃花谢了，
> 有再开的时候。
> 但是，聪明的，
> 你告诉我，
> 我们的日子为什么一去不复返呢？
> ——是有人偷了他们吧：
> 那是谁？又藏在何处呢？
> 是他们自己逃走了吧：
> 现在又到了哪里呢？

(请男女生各派一位代表合作朗读。)

师：读得真好。这样读，节奏感就出来了。

(男女生合作齐读。)

师：这么长的一段文字，有信心背下来吗？

(生自由背诵，师指名背。)

师：这么短的时间，你怎么背出来的？

生：我发现这一段写得很有顺序：先讲"燕子去了"，与"去"相反的就是"来"。再讲"杨柳枯了"，与"枯"相反的就是"青"。"桃花谢了"，与"谢"相反的就是"开"。"但是，聪明的，你告诉我"这句话反复出现，就很容易背。"是有人偷了他们吧"这是自己问，自己答，后面一句同样也是这样。

师：太厉害了，他已经读懂了文字内在的逻辑关系。他刚才还说了一个词"反复出现",的确,反复出现的词语可以帮助我们背诵。

提到散文,我们的脑海中一定会出现一句话:形散而神不散。的确如此,散文选材看似零散,行文看似随意,其实并非散乱无章。《匆匆》一文字里行间流露出来的都是关于珍惜时间的意味,这是其作为散文神聚的体现。其实,看似零散随意的段落间还有着缜密的逻辑关系,足见作者布局谋篇之匠心独具。景老师引导学生思考写作顺序是否可以颠倒,在思辨中让学生感受到了作者层层推进的表达特点,实在难能可贵。

教学片段六

师: 我们通过抓住文章中一些反复出现、反复强调的词语、句子,渐渐地走进了作者的内心世界,走进了"自我",这也是我们读懂散文的一种重要的方法。这是一篇散文,散文姓"散",自然、随意、潇洒。这篇文章的写作顺序可以颠倒吗?为什么?

(同桌交流。)

生: 不可以,这里是因果关系,他必须是先害怕,才能对时间惋惜,最后才会对失去时间不甘心。

师: 纠正一下,这之间不是因果关系,是什么?

生: 是有过程的,因为这里作者的情感有一个变化的过程,先是害怕,然后是惋惜,最后才是不甘心。

师: 她太厉害了,用了一个词——"过程"。作者的情感变化是有一个过程的,这是层层推进的过程,所以我们在学习散文的时候,就要善于抓住这一条看不见的情感线索,慢慢地走进作者的内心世界。这是学习散文非常重要的方法。同样,这样的经典文章,是需要去背诵的,背诵也要这样,就像刚才那位男生说的,我们可以抓住反复强调的词句去记忆。

朱自清先生的这篇《匆匆》的写作很有顺序,内容上有着很强的逻辑性,当很多老师止步于引导学生领会珍惜时间这一道理时,景老师却向前迈出了极有价值的一步,让学生发现内容上的前后联系,感情上的层层推进,这是很值得学习的。

教学片段七

师:老师要告诉你们,朱自清先生的确没有白走一遭。(板书:白白走这一遭。)他是著名的散文家、诗人,一生中创作了很多作品,共计190万字左右,收入《朱自清全集》。他的作品《扬州茶馆》《匆匆》《背影》《荷塘月色》《春》《绿》等入选中小学语文教材,成为脍炙人口的名篇。那他为什么要说自己"白白走这一遭"?

(生摇头。)

师:那时他才24岁,已经文采卓然,为什么还要这样说自己呢?

生:那时候,朱自清还不出名,他觉得自己的日子好像是白过了一样。

生:他想激励自己为这个世界多做一点贡献。

师:你用了一个词,激励,真好。

生:也许是他想告诉世人,不要浪费时间。

(板书:不甘心。)

师:朱自清先生自己也不甘心这样虚度年华,更想告诉世人,我们不要白白走这一遭,所以他在文中反复地问——

生:(齐读)我们的日子为什么一去不复返呢?

师:所以作者发出这样的感慨——

生:但不能平的,为什么偏要白白走这一遭啊?

师:读出了作者的不甘心。朱自清深感生命的匆匆、时间的可贵,正是如此,他对自己严格要求,所以在后来的人生道路上,他的生命价值得到了充分的体现。读出你对作者的敬佩之情吧。(齐读,音乐起。)

散文总是要表达作者的某种观点或者感受的,《匆匆》一文就是要告诉世人,不能浪费时间。这样的道理蕴含在字里行间,如何才能让学生领悟到呢?景老师没有贴标签式地灌输,而是通过介绍朱自清先生的成就,从而让学生形成认知冲突，向纵深处思考，明白作者的良苦用心。

　　的确，每一类文体的教学都应该指向语言的积累与运用，这样的语文课才能真正提升学生的语文素养；每一类文体的教学都应该凸显出不同文体的特征，这样的语文教学才会避免趋同，彰显特色；即便是同一类文体的教学，也应该因为作者写作特色的不同，体现出不同的风格，这样的语文教学才会更有效。

语言有变化，表达更灵动
——《火烧云》教学实录

一、联结旧知，导入新课

师：同学们，我们来看一句话："我会变。"读到这句话，你想到了什么？

生1：我想到了魔术师，他会变出很多我们想不到的东西。

生2：我想到了孙悟空，他会72变。

师：无论是孙悟空还是魔术师，他们都会变，不过今天"我会变"的既不是孙悟空也不是魔术师，它是谁呢？我们一起来读一读这段话："我会变。太阳一晒，我就变成汽。升到天空，我又变成无数极小极小的点儿，连成一片，在空中飘浮。"猜猜它是谁？

生：它是水。

师：原来不光魔术师和孙悟空会变，水也会变，它在天空还会变颜色，当穿上白衣服的时候，它是——

生：穿上白衣服的时候，它是白云。

师：穿上黑衣服的时候，它是——

生：乌云。

师：穿上红衣服时，我们可以叫它——

生：朝霞或者晚霞。

师：早上穿上红衣服叫——

生：朝霞。

师：晚上穿上红衣服叫——

生：晚霞。

师：朝霞和晚霞合起来就叫——

生：彩霞。

师：彩霞还有一个名字，我们来看一看萧红在《呼兰河传》中是怎么描写的？

（出示：这地方的晚霞很好看，有一个土名叫火烧云。说晚霞人们不太懂，若一说火烧云，连三岁的孩子也会呀呀地向天空指给你看。）

生：萧红说晚霞也叫火烧云。

师：同学们，这节课我们就来学习这篇选自著名作家萧红的《呼兰河传》的课文《火烧云》，一起来读课题。

（生齐读课题。）

师：有没有同学见过火烧云？

生：我在老家见过火烧云，火烧云很漂亮，大多数都是红色或者金黄色的，偶尔会出现紫色或者蓝色。

生：我在老家楼上玩的时候见过红色的火烧云。

师：我们来欣赏一下火烧云的图片吧！

（出示火烧云的图片，学生欣赏时发出阵阵赞叹声。）

点评：此处教学，旨在唤醒学生的生活经验，同时渗透语文经验，这是阅读教学的出发点。我们说语文学习的目的，是让学生用准确生动的语言表述他的所见所闻、所思所想，三年级是学生的思维从形象到抽象成长的关键时刻，直观展示图片的目的，就是要让学生进一步感受眼前的景色，看看作家们是怎么把事物写清楚的。

二、整体感知，积累词语

师：这就是火烧云，不光颜色多，样子也不少。今天我们来学习《火烧云》这篇文章，看看作家萧红是从哪几个方面介绍火烧云的。拿出课本，我们来读读课文，注意不仅要读通课文，还要想一想作者介绍了火烧云的哪几个特点？

（生自读课文，思考勾画。）

师：课文读完了，我们看一看这行词语，谁读给大家听？

生：紫檀色、茄子紫、半紫半黄、红彤彤。

师：读得很好，大家有没有发现，这一行的四个词都在写什么？

生：都在写火烧云的颜色。

师：请大家再看一看，都是写颜色的，四个词语的构词方法一样吗？像"紫檀色"这样的词语，谁还能再说一个？

生：天蓝色。

生：粉红色。

生：雪白色。

生：桃红色。

生：金黄色。

师：很好，我们再来看看第二行词语，谁来读？

生：跪着、伸腿、凶猛、威武。

师：这一行在写火烧云的——

生：形状。

师：我们再来读一读最后一组词语。

生：一会儿、两三秒、一转眼、忽然。

师：读完这组词语，你有什么感觉？

生：变化很快。

师：是啊，火烧云形状多、颜色多，而且变化还很快。读了这些词语我们清楚了，原来这篇文章在介绍火烧云时写了三个方面的内容——

生：颜色多、形状多、变化快。

点评：积累词语的目的是要指向运用。王老师擅长把课文中的生词进行分类学习理解，目标指向课文中作者是如何运用这些词语来表达的。这一课的设计尤其能够体现王老师的阅读教学思想——指向"语用"。

三、聚焦表达，落实语用

1. 对比中发现表达秘妙，朗读中加深体会

师：下面请同学们读一读课文第一自然段，看看火烧云出来后地面上都发生了哪些变化？

（学生读书思考。）

师：我们请一位同学读一读大屏幕上的这段话。

生：晚饭过后，火烧云上来了。霞光照得小孩子的脸红红的。大白狗变成红的了。红公鸡变成金的了。黑母鸡变成紫檀色的了。

师：读得不错，大家有没有发现，这段话中有一个字出现的次数特别多，你觉得是哪一个字？

生："了"字出现了四次。

师：作者用"什么了"这样的短句，写出了看到火烧云时人们激动的心情，读起来朗朗上口，谁来读一读？

（多位学生朗读，读出了激动之情。）

师：大家读得真不错，不过还可以读得更好。我来帮帮大家，我提供一组感叹词，大家读的时候可以加进去。来，试着读一读吧！

生：晚饭过后，看呀，火烧云上来了。霞光照得小孩子的脸红红的。嘿，大白狗变成红的了。啊，红公鸡变成金的了。妈呀，黑母鸡变成紫檀色的了。

师：太好了！谁继续读？

生：晚饭过后，看呀，火烧云上来了。霞光照得小孩子的脸红红的。

咦，大白狗变成红的了。嘿，红公鸡变成金的了。哈哈，黑母鸡变成紫檀色的了。

师：真不错！同学们，课文中还写到了小白猪，霞光照过来，小白猪会变成什么样？

生：小金猪。

生：小紫猪。

师：那老头的白胡须呢？

生：红胡须。

生：金胡须。

师：谁能把刚刚我们说的内容跟前面读的内容连起来读一读？如果你看到火烧云变化这么多时很激动，你还可以加上动作。

生：晚饭过后，看呀，火烧云上来了。霞光照得小孩子的脸红红的。哈哈，大白狗变成红的了。咦，红公鸡变成金的了。啊，黑母鸡变成紫檀色的了。哇，小白猪变成小金猪了。嘿嘿，老头的白胡须变成金胡子啦。

师：你加了"咦"这个词，很好，其实你还可以这样读"咦——"。（拖长声音。）

生：晚饭过后，看呀，火烧云上来了。霞光照得小孩子的脸红红的。咦，大白狗变成红的了。嘿，红公鸡变成金的了。啊，黑母鸡变成紫檀色的了。哈哈，小白猪变成小金猪了。嘿嘿，老头的白胡须变成金胡子啦。

生：晚饭过后，看呀，火烧云上来了。霞光照得小孩子的脸红红的。哎呀，大白狗变成红的了。哎呦，红公鸡变成金的了。哈哈，黑母鸡变成紫檀色的了。妈呀，小白猪变成小金猪了。哎呦妈呀，老头的白胡须变成金胡子啦。

师：这两位同学加上了动作，朗读得更好了！让王老师印象最深的感叹词是"妈呀"，太生活化了！这是同学们笔下的小白猪和白胡须，但作者跟我们的表达方法不一样，她是这样写的，谁来读一读？

生：大白狗变成红的了。红公鸡变成金的了。黑母鸡变成紫檀色的了。喂猪的老头儿在墙根靠着，笑盈盈地看着他的两头小白猪变成小金猪了。他刚想说："你们也变了……"旁边走来个乘凉的人对他说："您老人家必要高寿，您老是金胡子了。"

师：读得真不错，大家发现了吧，原来写火烧云带来的颜色变化，既可以直接写，也可以通过人物的语言来写，有变化的语言表达才更有魅力。

点评：这一段的教学是一气呵成的，我们屏住气看王老师行云流水地引导学生落实"语用"，这一切都水到渠成。我们说这是有灵魂的教学。这样流畅的教学设计，源于教师形成了自己的语文教育思想，在课堂上一以贯之。在表达中，巧妙地运用感叹词，增加了学生表达的乐趣，不着痕迹地引导学生习得和运用新鲜的语言。

2. 拓展中丰富词汇积累，实践中学会表达

师：课文中还有一段集中写了火烧云的颜色，哪一段？谁来读一读？

生：这地方的火烧云变化极多，一会儿红彤彤的，一会儿金灿灿的，一会儿半紫半黄，一会儿半灰半百合色。葡萄灰、梨黄、茄子紫，这些颜色天空都有。还有些说也说不出来、见也没见过的颜色。

师：读得很不错。在这篇课文的后面有一个要求：朗读课文，背诵第3～6自然段。这段话是课文的第三自然段，要背诵这一段其实并不难，有没有什么好的方法？

生：首先要记住写火烧云颜色的词语。

师：好的，让我们再读读这段话，勾画出那些写颜色的词语。

（学生默读课文，勾画词语后交流。）

生：我画出的写颜色的词语有：红彤彤、金灿灿、葡萄灰、茄子紫、梨黄、半紫半黄、半灰半百合。

师：我们一起来读一读这些词语。

（生齐读。）

师：同桌两个人相互说一说，把这些写颜色的词语记在心里。

（同桌互说。）

师：作者在写火烧云颜色的时候，有时候这样写——

生：红彤彤、金灿灿。

师：有时候又换了一种方式，这样写——

生：葡萄灰、茄子紫、梨黄。

师：还有时候这样写——

生：半紫半黄、半灰半百合。

师：这些写颜色的词语都记住了吧？我们来试着把课文背一背。

（学生背诵课文。）

点评："背诵课文"费时费力，公开课也往往上不出彩，很多老师把它安排在课后作业中。实际上，这是没有落实教学目标的。学生的记忆有其自身的规律，对语言现象最感兴趣的时候没有背诵下来，过了一段时间可能已经产生了遗忘，之后再去背诵就增加了难度。王老师扎扎实实落实教学目标，和学生一起寻找表达和记忆的方法。有这样脚踏实地的学习积累，才有后边丰富的表达。

师：这段话写颜色的词特别多，我们再来回顾一下，读一读这两个词语——

生：红彤彤、金灿灿。

师：像这样的词，你知道哪些？

生：黄澄澄。

生：紫莹莹。

师：我们再看葡萄灰、茄子紫、梨黄，看着下面的图片你会说——

生：西瓜红。

生：柠檬黄。

生：樱桃红。

生：苹果绿。

师：没有图片了，联系生活，你还想到了哪些？

生：榴莲黄。

生：菠萝黄。

生：桃子粉。

生：草绿。

生：西瓜绿。

师：没有切开西瓜可以说——

生：西瓜绿。

师：西瓜被切开了，可以说——

生：西瓜红。

师：大家积累的词语真不少，我们继续读课文中写颜色的词语。

生：半紫半黄、半灰半百合。

师：用半把颜色连起来，你能想到哪些词？

生：半红半粉。

生：半黑半白。

师：作者写火烧云的颜色，用了不同的方法，语言有变化，表达更丰富，真好！我们再读读这一段，体会体会。

（生齐读第三自然段。）

点评：作家运用词汇来表达眼中的世界，往往是极富个性的。萧红的这一段描写用词极为丰富，捕捉到了火烧云稍纵即逝、变幻无穷的色彩，用词既整齐又有变化，读起来很有节奏感。学生学习这样经典的表达是有困难的。王老师精准地找到了教学的关键——学生与教材中间的介质，然后进行描写颜色词语的拓展，让阅读经验与生活经验相关联，为接下来的积累和运用做好了充分的准备。

师：刚才我们也积累了不少写颜色的词语，我们也来写一写火烧云的颜色，怎么样？注意坐姿端正，把字写工整。

（出示：这地方的火烧云变化极多，一会儿____的，一会儿____的，一会儿半____半____，一会儿____半____。____、____、____，这些颜色天空都有。还有些说也说不出来、见也没见过的颜色。）

（学生练习仿写，教师巡视。）

师：写完的同学请举手，我们分享一下。

生：这地方的火烧云变化极多，一会儿橘的，一会儿紫的，一会儿半红半绿，一会儿半蓝半绿。油条黄、牛奶白、鸡蛋黄，这些颜色天空都有。还有些说也说不出来、见也没见过的颜色。

师：有没有饿了的感觉？不光颜色多，感觉味道也不错！

生：这地方的火烧云变化极多，一会儿黄澄澄的，一会儿绿油油的，一会儿半红半紫，一会儿半蓝半绿。土豆黄、血红、荔枝白，这些颜色天空都有。还有些说也说不出来、见也没见过的颜色。

生：这地方的火烧云变化极多，一会儿紫莹莹的，一会儿红润润的，一会儿半蓝半紫，一会儿半红色半橙色。蓝莓蓝、苹果红、华夫橙，这些颜色天空都有。还有些说也说不出来、见也没见过的颜色。

点评：听了学生的发言，我们不得不佩服学生语文学习的潜力，不得不佩服王老师巧妙而扎实的训练，他引导学生结合自己的生命经历来精准地表达，学生用食物的色彩来形容天边云霞，其语言的节奏和变化颇有萧红的风格。

师：真好，这就是火烧云，颜色可真多啊！其实不仅如此，大家看眼前的这片火烧云，你觉得像什么？

生：近看像狼，远看像圣诞老人。

生：我觉得它像一架直升机，还像一艘潜水艇。

师：大家发现了没有，每个人的兴趣爱好不同，看到的就不同，想象的世界就是这么奇妙。

生：我觉得黄色的那块像一个炸鸡腿，红的有点像烤焦的牛排。

生：我觉得上面的像木星，下面的像地球。

师：你一定是个天文爱好者。好了，关于火烧云的形状，作者到底是怎么写的呢？我们下节课继续学习。最后留给同学们两个作业：第一个是背诵课文第三自然段；第二个是请同学们阅读萧红的《呼兰河传》。这节课就上到这里，下课。

点评：学生能够用富于变化的语言来表达了，这还不够。王老师让学生展开想象，自由描述火烧云的样子。儿童的想象力丰富，把常见事物的样貌与眼前的云朵联系起来，为下节课的学习做好了充分的铺垫。

《火烧云》是统编小学语文三年级下册第七单元最后一篇课文，选自近代女作家萧红的《呼兰河传》。第七单元的人文主题是"奇妙的世界"；语文要素是"了解课文是从哪几个方面把事物写清楚的。初步学习整合信息，介绍一种事物"。为了达成"把事物写清楚"这一教学目标，王老师在备课时精心设计了指向"语用"的台阶，让学生拾级攀登。他抓住了萧红这篇文章"语言有变化，表达更灵动"的特点，把"语用"的理念落实到每一个教学细节中。

一、联结旧知，唤醒经验

上海师范大学的王荣生教授在《阅读教学教什么》中，建立起了这样一个模型。

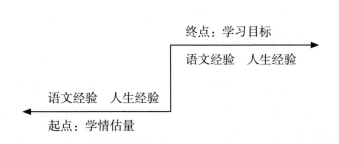

阅读的起点是学生的语文经验和人生经验。阅读教学就是通过一篇课文的学习，使学生在语文经验和人生经验上有所提升。学生在生活中或许看过火烧云，但他们对火烧云的认识只限于表象。从表象到文字表达，如果能找到一个好的切入点，教学效果一定会更好。

显然，王林波老师在第一个板块中的设计，力图在唤醒学生的生活经验，渗透语文经验，这是阅读教学的出发点。这样的设计，先唤醒了学生头脑中火烧云的形象，让他们带着直观印象走进萧红的文字中去，就能理解她在课文中细腻的表达。

二、分类积累，丰富语汇

这节课的教学重点是引导学生感受火烧云颜色丰富的特点。初读时，王老师提出这样的要求："今天我们来学习《火烧云》这篇文章，看看作家萧红是从哪几个方面介绍火烧云的。拿出课本，我们来读读课文，注意不仅要读通课文，还要想一想作者介绍了火烧云的哪几个特点？"这对于三年级的学生来说，是有一定的难度的，不过，王老师的匠心在于懂得学生学习的困难之处，把课文中描写颜色的生词进行分类学习理解，并且学习作者描摹颜色的方法，学习理解和积累运用糅杂在一起，符合儿童学习语言的规律，轻巧且有实效！

叶圣陶在《大力研究语文教学，尽快改进语文教学》中指出："语文教材无非是例子，凭这个例子要使学生能够举一反三，练成阅读和作文的熟练技能。"王老师没有让学生生硬积累课文中的这些词汇，"请大家再看一看，都是写颜色的，四个词语的构词方法一样吗？像'紫檀色'这样的词语，谁还能再说一个？"这样把语文学习与学生人生经验相联结，启迪学生关注奇妙世界的色彩，并用自己的观察描摹事物，把"课文"这个例子用到了极致。

三、指向"语用"，拔节生命

丰富了词汇，如何把他们运用到语言中？王老师继续借助课文的例子朗读涵泳、背诵积累。这一段的教学是一气呵成的，我们屏住气看王老师行云流水地引导学生落实"语用"，一切都水到渠成。我们说这是有灵魂的教学。这样流畅的设计，源于教师形成了自己的语文教育思想，在课堂上一以贯之。背诵是一件多么枯燥的学习活动啊！可是，王老师就这样轻轻巧巧地让学生在表达中加入感叹词，一下子增加了学生表达的乐趣，不着痕迹地引导学生习得和运用新鲜的语言。

观看王林波老师的这节课，让我想起潘新和先生在《语文：表现与存在》中的一段话："语言教育要唤醒学生固有的言语生命意识和言语潜能，使之得以良好的养护和培植，使他们的言语才能得到积极主动的发挥和张扬，从中感受成功与失败、满足与自尊，并最终成为言语上自我实现的人。"我看到了，在这40分钟里，王老师和学生的生命在一起拔节。

点评：宁锋（特级教师、正高级教师）
单位：辽宁省抚顺市教师进修学院附属小学

让学习深度发生，让语用有效落实
——《荷叶圆圆》教学实录

一、导入新课，揭示课题

师：同学们，我们来猜一个谜语："池里一只船，大水盛不满，小雨纷纷落上头，好像珍珠一串串。"猜猜是什么？

生：荷叶。

（教师板书"荷叶"，学生认读。）

师：大家看，这就是荷叶，什么形状？

生：荷叶圆圆的。

师：是的，看老师写这个"圆"字。外面是大口框，里面是少先队员的"员"，王老师再写一个"圆"字，注意写第二个"圆"字的时候要和第一个大小一样。现在谁能完整地读出题目？

生：荷叶圆圆。

师：荷叶是什么颜色？如果像课题这样，你会怎么说？

生：荷叶绿绿。

师：大家看，这是什么？（出示荷花图）看一看，什么颜色？闻一闻，什么味道？像课题那样，可以怎样说？

生：荷花香香。

生：荷花粉粉。

师：再看看这幅图，你又会怎样说？（出示水珠图片。）

生：水珠圆圆。

生：水珠亮亮。

点评：所谓"未成曲调先有情"，王老师从谜语导入，在激发学生学习兴趣的同时，悄然渗透有关荷叶的知识，进而从荷叶的形状、颜色谈起，再拓展到荷花、水珠，引导学生进行言语表达，有效地勾连到课后练习题，让本课的语文要素巧妙落地。

二、认读字词，整体感知

师：现在请同学们打开语文书，认真地读一读这篇课文，注意把字音读准确，把句子读通顺。

（学生自读课文，教师巡视。）

师：刚才大家读得都特别认真，这篇文章中出现了四个非常可爱的小精灵，你发现了吗？

生：出现了小水珠、小蜻蜓、小青蛙，还有小鱼儿。

师：来，我们一起读一读它们的名字。

生：（齐读）小水珠、小蜻蜓、小青蛙、小鱼儿。

师：大家看这个"珠"字，除了水珠，你还知道什么？

生：露珠。

生：眼珠。

生：汗珠。

师：是的，像这样小小的、圆圆的东西都可以称为珠子。你还知道——

生：珍珠。

生：弹珠。

师：第一组词语大家认读准确，值得表扬。在这篇文章中还出现了一些比较难读的词语，谁敢来读一读？

生：歌台、摇篮、凉伞、停机坪。

（学生采用多种方式认读这些词语。）

师：同学们见过摇篮吗？

生：我不仅见过，小时候还坐过呢！我坐在摇篮里，姥姥用手一推，就开始晃来晃去，很舒服的。

师：是呀，摇篮是用手来摇的，所以左边是个提手旁。停机坪大家见过吗？

生：就是停飞机的地方，地方很大，很平。

师：怎么记住这个"停"字呢？

生：左边是个单人旁，右边是保安亭的亭。

生：就是一个人站在亭子旁。

师：说得真好！同学们看看大屏幕上的词语，谁能像王老师这样来说——荷叶是小水珠的摇篮。

生：荷叶是小蜻蜓的停机坪。

生：荷叶是小青蛙的歌台。

生：荷叶是小鱼儿的凉伞。

点评：毋庸置疑，字词教学是低学段语文教学的重点。但是，我们往往看到的是字词教学与文本学习割裂的情况。王老师深谙低学段字词教学之道，总能将字词教学和文本学习有机地融为一体。首先，词语分类有诀窍。第一类词语是文章中的四个主要角色，即小水珠、小蜻蜓、小青蛙、小鱼儿。教师重点引导学生聚焦"珠"字，通过组词练习，一方面帮助学生积累词语，另一方面让学生感知"珠"字的意思。第二类词语为：歌台、摇篮、凉伞、停机坪，是由不同的角色对圆圆的荷叶产生的联想与想象。此时，重点关注的是"停"字，引导学生自主识记。紧接着，王老师通过示范"荷叶是小水珠的摇篮"，将两组词语自然地联系起来，呼应文本，实现从词语到句子的延伸。

三、聚焦表达，积累运用

1. 变化句式，练习说话

师：刚才大家说的其实是课文中的句子，打开书，赶快找一找，读给大家听听吧！

生：小水珠说："荷叶是我的摇篮。"

生：小蜻蜓说："荷叶是我的停机坪。"

生：小青蛙说："荷叶是我的歌台。"

生：小鱼儿说："荷叶是我的凉伞。"

（全班齐读四句话。）

师：你们读得都不错，看到第一句话，王老师还可以这样读：荷叶是小水珠的摇篮。你能照着老师的样子说说其他几句话吗？

生：荷叶是小蜻蜓的停机坪。

生：荷叶是小青蛙的歌台。

生：荷叶是小鱼儿的凉伞。

师：来，看看还有哪些小动物也来到了荷叶的身边（出示小蚂蚁、小蝴蝶、小蜜蜂、小蝌蚪的图片），你又可以怎么说呢？

生：荷叶是小蝴蝶的大舞台。

生：荷叶是小蜜蜂的休息厅。

生：荷叶是小蚂蚁的运动场。

生：荷叶是小蝌蚪的遮阳伞。

师：说得真好！如果用课文中的方式说，可以怎么说？

生：小蝴蝶说："荷叶是我的大舞台。"

生：小蜜蜂说："荷叶是我的休息厅。"

生：小蚂蚁说："荷叶是我的运动场。"

生：小蝌蚪说："荷叶是我的遮阳伞。"

点评：教师引导学生直奔文章的关键句子，紧扣课文的四个重点句，变换说法，练习说话，一方面帮助学生把握课文的主要内容，另一方面训练学生的思维，提升学生的表达能力。随后，王老师并没有就此止步，而是通过出示图片，引导学生从课内走向课外，发散思维，落实对"语用"的有效迁移。

2. 聚焦词语，积累运用

师：下面请同学们打开课本，认真读一读课文第二自然段，看看作者是怎样写小水珠的？

（学生自读第二自然段，思考。）

生：课文里用到了一个词语"亮晶晶"。

（教师板书"亮晶晶"，强调"亮"字下面的"几"要写得扁一些。）

师：像"亮晶晶"这样的词语，你还知道哪些？

生：金灿灿。

生：绿油油。

生：香喷喷。

生：亮闪闪。

师：真好，同学们积累的词语可真不少！如果王老师说亮晶晶的眼睛，你可以怎么说？

生：金灿灿的油菜花。

生：绿油油的禾苗。

生：香喷喷的饭菜。

生：亮闪闪的珠宝。

师：同学们，在这句话中还有一个生字"躺"，谁会组词？

生：躺下。

生：平躺。

师：同学们，平时你会用怎样的姿势躺在床上？

生：我会双腿分开躺在床上。

生：我会蜷着腿躺着。

生：我会伸开双臂躺着。

生：我不仅会躺着，还会不停地晃动，这样很舒服，就像这样——（学生做动作模仿。）

师：现在，大家闭上眼睛，想象你就是小水珠，舒舒服服地躺在荷叶上，一阵微风吹来，荷叶左摇右摆，轻轻晃动。来，睁开眼睛，说说什么感受？

生：就像躺在舒服的摇篮里。

生：太舒服了，太好玩了。

师：现在，谁再来读读这段话？

生：小水珠说："荷叶是我的摇篮。"小水珠躺在荷叶上，眨着亮晶晶的眼睛。

点评：王老师扣住重点词语"亮晶晶"并相机拓展到ABB式的词语，引导学生积累并尝试运用。联系生活经验，通过情境的创设，让学生在动作模拟中体味"躺"字。当学生有了切身的感受之后再朗读，这时候，有感情地朗读也就水到渠成了。

3.联系古诗，品析用词

师：同学们，如果说小水珠是躺在荷叶上，那么小蜻蜓呢？大家看看课文插图，想一想。

生：小蜻蜓蹲在荷叶上。

生：小蜻蜓立在荷叶上。

师：能不能说说你是怎么想的？

生：我们学过一首古诗《小池》，里面写到了。

师：咱们一起背一背这首诗吧！

生：泉眼无声惜细流，树阴照水爱晴柔。小荷才露尖尖角，早有蜻蜓立上头。

师：同学们说对了，课文中的确用了"立"字。来，自己再读一读第三自然段。

（学生自由读第三自然段。）

点评："一字未忽宜，语语悟其神。"王老师再次借助插图，从"躺"到"蹲"再到"立"，引导学生体味用词的精妙。此时，课堂生成了意想不到的美丽——学生想到了古诗《小池》中的"立"，教师立即抓住这一生成点，拓展到古诗，可谓神来之笔。

4. 创设情境，仿说表达

师：同学们，第三自然段中有好几个生词，谁来读读这段话，注意把字音读准确。

（师指名多人读这一段。）

师：这三个词语谁来读一读？
生：展开、透明、翅膀。
师：如果说小蜻蜓展开的是透明的翅膀，那么大家看看这幅图，小蝴蝶展开的是什么样的翅膀？

（学生观察图片，思考。）

生：小蝴蝶展开美丽的翅膀。
生：小蝴蝶展开五颜六色的翅膀。
生：小蝴蝶展开漂亮的翅膀。
师：再看看这幅图，小蜜蜂呢？
生：小蜜蜂展开黄黄的翅膀。
生：小蜜蜂展开金黄的翅膀。
师：说得太好了！我们一起来读一读这几句话。

（学生读句子。）

点评："展、透、翅、膀"这四个字是本课比较难认的生字，通过多次复现，引导学生在句子、词语中反复地读，有助于学生的识记。随后，王老师从"翅膀"想开来、发散去，以"展开____的翅膀"为支架，再次借助图片，引导学生进行充分的表达。

四、指导书写，布置作业

1. 观察比较，练习书写

师：同学们，这段话中有一个生字"机"，再看看老师的板书，"机"和板书中的哪个字有着共同的部件？

生："机"和"亮"这两个字都有"几"字。

师：仔细观察一下，"机"中的"几"字和"亮"中的"几"字书写时有什么不同之处？

生："机"中的"几"字瘦瘦的、高高的，"亮"中的"几"字扁扁的、矮矮的。

师：说得很好！我们先来写木字旁，最后一笔是点。写"几"字的时候起笔要稍微高一点，写得瘦一点。

（教师边讲解，边板书示范。）

师：大家把书翻到课后生字栏，先描一描，再写一写。

（学生练写，教师巡视指导，写好后组织同桌交换，相互评一评，改进书写。）

2. 设置悬念，布置作业

师：同学们，小水珠躺在荷叶这个摇篮里，多舒服啊！小蜻蜓立在荷叶这座停机坪上，多稳当啊！作者又会怎样写小青蛙的歌台、小鱼儿的凉伞呢？我们下节课继续学习。课后，请同学们认真书写"亮"和"机"两个字，试着背诵课文前三自然段。这节课就上到这里，下课。

点评：对汉字进行分类教学很有必要。在这节课的写字环节，教师引导学生关注同一部件在不同汉字中的变化，这样的写字指导既高效又有实效。一堂好课是留白的艺术，课堂教学到此为止，既符合低年段学生身心发展的规律，又留有余地，让学生回味深长，浮想联翩，引发了下节课学习的期待。

总 评

综观王老师的这节课，不难看出，他着力打造聚焦语文要素的教学板块，设计了丰富多彩的言语实践活动，将本课的语文要素落在实处，学有实效。

一、注重言语表达实践

这节课呈现出了言语实践活动的理想样态，饱满、充分且有变式。教学伊始，教师便引导学生直奔文本中的四个重点句子，进行富于变化的基于不同表达形式的言语训练。随即，借助图片，拓展到其他事物，实现有效的迁移运用。随后的从词语到词组的练习及对"躺""蹲""立"的品析，再到以"展开____的翅膀"为支架的言语表达，无不彰显出教师的慧眼和匠心，那就是对言语表达实践的高度关注，力求通过举一反三、循序渐进的言语实践，让学习真实发生。

二、关注思维能力培养

细品这节课，我发现王老师的课堂不仅是语言的课堂，而且是思维的课堂。如何在阅读教学中培养学生的思维力，王老师给出了很好的答案。其一，进行比较阅读。比如，将"小水珠说：'荷叶是我的摇篮。'"和"荷叶是小水珠的摇篮"两个表达相同意思的不同句式进行比较。又如，观察图片将"展开____的翅膀"补充完整，进行用不同词语形容某一事物的表达练习。再如，将"机"和"亮"二字进行比较，关注同一部件"几"字在不同汉字中写法的变化。由此可见，王老师善用比较的方法，将学生思维引向纵深。其二，巧用图片。图片是最简单、最直观的教学资源，特别是文中的插图，切不可忽略。在教学中，王老师多次使用图片，引导学生或仔细观察或发散思维，让藏在语言背后的思维熠熠生辉，让学习深度发生。

点评：汤瑾（著名特级教师）
单位：浙江省杭州市钱塘区教师教育学院

关注表达方式，落实语言运用
——《美丽的小兴安岭》教学实录

一、揭示课题，在猜测中引导运用

师：看老师在黑板上写一个字（板书"岭"），谁认识请举手？

（多名学生认读"岭"字。）

师：知道什么是岭吗？（出示图片）看这幅图，像这样高高的山脉就叫作岭，猜一猜这是什么岭？

生：小兴安岭。

师：为什么这么猜？

生：因为今天要学习的是"美丽的小兴安岭"，所以我猜是小兴安岭。我们上课，老师一般都是这样的。

师：很善于总结经验啊，很抱歉的是，我不是一般的老师，再猜猜看！

生：大兴安岭。

师：我估计下一个猜的是中兴安岭，是不是？王老师提醒大家，这个岭被称为南北方的分界线——

生：我知道，是秦岭。

师：这次你真的猜对了，它就是秦岭，秦岭很美，大家看——（出示图片）。同学们，看完这两幅图，谁能用一个词语来形容秦岭？这是什么样的秦岭？

生：雄伟。

师：特别好！说完整。

生：雄伟的秦岭。

生：壮观的秦岭。

生：云雾缭绕的秦岭。

师：来，我们再看看这个岭，猜一猜，这是什么岭？

生：小兴安岭。

师：你为什么猜是小兴安岭？

生：都第二次了，应该是小兴安岭了。我也预习了课文，课文中写的小兴安岭跟图上差不多。

师：恭喜你，猜对啦！这就是小兴安岭。一起读。（生齐读后，教师指名读，继而板书：小兴安岭）同学们，你们猜一下，既然有小兴安岭，可能还会有一个叫——

生：大兴安岭。

师：很好。小兴安岭和大兴安岭都在我国境内，所以它们又被称为内兴安岭。有内兴安岭，可能还有个——

生：外兴安岭。

师：又猜对了！在俄罗斯的就是外兴安岭。同学们想不想看一看小兴安岭的样子？

（师出示小兴安岭不同季节的美丽照片，生感叹大自然的壮美。）

师：你会用什么词语来形容小兴安岭？

生：五颜六色的小兴安岭。

生：连绵不断的小兴安岭。

生：美丽的小兴安岭。

（师板书课题：美丽的小兴安岭。）

师：谁来读一读课题？我们来听一听他所读出来的小兴安岭是不是很美？

（生读，师评价，引导学生读出小兴安岭的美；指名读后请同学们齐读课题。)

师：小兴安岭的确特别美！作者会怎么样描绘出它的美呢？我们一起来学习课文。

点评：著名特级教师贾志敏老师说过："小学语文主要有四个目标：培养兴趣，训练知识技能，培养习惯，以及提高语文素养。"王老师在上课之初便用幽默有趣的语言引导学生猜一猜，激发学生学习的兴趣。知识技能需要训练，如何训练才是关键。王老师先是引导学生借助图片理解词语，渗透了一种理解词语的方法，然后让学生用恰当的词语形容"秦岭""小兴安岭"，训练了学生的表达能力。

二、学习字词，在认读中丰富积累

师：请同学们打开书认真地读一读，想一想作者是怎样写小兴安岭的美丽的？请同学们拿出笔，边读边勾画出你觉得写得美的句子，同时注意读准字音，读通句子。

（学生阅读勾画，教师巡视。）

师：同学们很会读书，一边读一边勾画，这种读书方法值得肯定。课文读完了，课文中的生字词都会读了吧？咱们来试试看！

（出示第一组词语。）

宿舍　树梢　沉浸　宝库
脑袋　视线　挡住　药材

（教师请不同的学生分别读词语。）

师：读得很好。同学们，我们来看看本课的生字"库"。存放东西的地方，就叫作"库"，大家想一想，存放宝贝的地方叫——

生：宝库。

师：如果存放了很多的水，这个地方叫什么？

生：水库。

师：存放了好多的粮食，这个地方叫——

生：粮库。

师：存放了很多的汽车，这里叫——

生：车库。

师：那存放了很多鸭梨的地方叫——

生：鸭库。

（众生大笑。）

生：不对不对，应该是水果库。

生：还可以叫冷库，那里温度很低。

师：嗯，这个词更准确。大家仔细观察"库"字，广字头就决定了整个字的大小，所以我们在写这个字的时候，一定要把握好大小。比如我现在要写"宝库"这个词了，写的时候要想清楚"广字头"决定"库"字的大小，写的时候要参考"宝"字的大小来写好"广字头"，然后再写下面的"车"字，注意最后一笔是悬针竖，笔画要由重到轻。

（师示范书写"库"字。）

师：拿出自己的笔，大家在生字栏里描一描这个"库"字。

（学生练习写"库"字，师巡视指导。）

师：同学们，再看看这一组词语，其中"脑、视、线、挡、材"也都是本课的生字，仔细观察，你有什么发现？

生：这几个都是左窄右宽的生字，书写时要注意左边窄一些，右边宽一些。

点评：生字教学要做到"四会"，即会读、会写、会理解、会运用。因为上课时间有限，并且每个生字音、形、义各不相同，所以教学生字时必须根据重点和难点的不同有所侧重。此环节一共教了七个生字，其中"库"字是重点。"库"字的教学难点在字义的理解和书写。王老师引导学生在迁移运用中理解"库"字的含义，在运用中巩固理解，是生字教学的一种有效方法。

师：说得很好。这几个两个字组成的词语对大家来说好像并不难，但接下来我要出示的一组词可就不好读了——

（出示第二组词语。）

    积雪融化 汇成小溪 涨满春水
    葱葱茏茏 密密层层 严严实实
    落叶飞舞 酸甜可口 又香又脆
    没过膝盖 又肥又厚 又松又软

师：难不难？

生：不难。

师：谁来读一读？

（一生将第四行的"没过膝盖"读成"没（méi）过膝盖"，众生大笑。）

师：你笑什么？

生：应该是"没（mò）过膝盖"。

师："没（méi）过膝盖"就不对吗？积雪到这里（师指膝盖的下面），这叫——

生：没（méi）过膝盖。

师：没（méi）过膝盖，就是没有超过膝盖。如果积雪到了这里（师指膝盖的上面）呢？这叫——

生：没（mò）过膝盖。

师：真好，同学们把字音都读准确了，如果还能按照老师的要求来读，那就更厉害了！注意听要求：哪一组词语写的是夏天的景象？请你读一读。

生：葱葱茏茏，密密层层，严严实实。

师：很好，描写春天景象的是——

生：积雪融化，汇成小溪，涨满春水。

师：写冬天的是——

生：没过膝盖，又肥又厚，又松又软。

师：特别好！秋天呢？一起读。

生：落叶飞舞，酸甜可口，又香又脆。

师：有谁发现了？王老师把这些词分成了四组是有规律的，是按照什么来分的？

生：老师是按照时间顺序来分的，第一行写的是春天，第二行写的是夏天，第三行写的是秋天，第四行写的是冬天。

师：(师板书春、夏、秋、冬)这篇课文正是按照春、夏、秋、冬四个季节变化的顺序来写的。这些四字词语值得我们积累，我们一起再来读一读。

（生齐读。）

点评：张志公先生说："学习语言最重要的是学习词汇。"王老师深入解读课文语言表达的特点，精选课文中的四字词语，特别是含有生字的四字词语，引导学生发现词语组合的规律，既提高了积累的效果，也为学生理清课文顺序做了铺垫。

师：同学们，你们在预习的时候有没有发现，美丽的小兴安岭有一样东西特别多，是什么呢？

生：树木。

（师板书"树"。）

师：对，这儿的树的确多，我找到了三种树的树名。谁会读？

（出示第三组词语：红松、白桦、栎树。教师指名读，注意读准"栎"字的字音。）

师：把这些词语放到课文中，谁再来读一读？

（出示句子：我国东北的小兴安岭，有数不清的红松、白桦、栎树……几百里连成一片，就像绿色的海洋。）

师：还不错。这儿的树特别多，想想看，怎么读可以让我们闭上眼睛都能感觉到眼前的树特别多？谁能试一试？

（学生朗读。）

师：好多了，但是还不够。想一想，小兴安岭的树到底有多少呀？你再来读一读。

（学生再次朗读。）

师：真好，你特地把"几百里"的读音拖长了，一下子就让我们感受到小兴安岭的树木多了，值得表扬！谁再来试一试？

（多位学生有感情地朗读。）

师：特别好！小兴安岭的树真多！王老师还发现课文中用到了一个标点符号——省略号，你们猜测一下，小兴安岭可能还会有哪些树？

（生猜后教师出示资料：红松、落叶松、云杉、冷杉、紫杉、栎树、白桦、枫树、水曲柳、山杨、五角枫和春榆。）

师：谁会读这些树的名字？请举手。

（生尝试朗读。）

师：这里的树好多呀！接下来还要读这段话，但是要有创造性，课文中写到了红松、白桦、栎树，我们还可以把以下的名称加进去两三个，然后再来读，这就和课文不一样了！谁第一个来试试？

生：我国东北的小兴安岭，有数不清的红松、白桦、栎树、落叶松、云杉、冷杉……几百里连成一片，就像绿色的海洋。

生：我国东北的小兴安岭，有数不清的红松、白桦、栎树、云杉、紫杉、水曲柳……几百里连成一片，就像绿色的海洋。

生：我国东北的小兴安岭，有数不清的红松、白桦、栎树、水曲柳、山杨……几百里连成一片，就像绿色的海洋。

生：我国东北的小兴安岭，有数不清的红松、白桦、栎树、五角枫、春榆……几百里连成一片，就像绿色的海洋。

点评：积累是运用的基础，运用是积累的深化。王老师补充课外资料，让学生在课文语境中练习说话，将课文的消极语言转化为学生的积极语言，发展了学生的语言能力。

三、品读课文，在实践中运用语言

师： 小兴安岭的树特别多。每一个季节，作者都写到了小兴安岭的树，请同学们快速地读课文，把春、夏、秋、冬四个季节里作者写树的句子全部勾画出来。

（生默读，勾画句子；师巡视，提示句子要勾画完整。）

师： 春天——

生： 树木抽出新的枝条，长出嫩绿的叶子。

师： 夏天——

生： 树木长得葱葱茏茏，密密层层的枝叶把森林封得严严实实的，挡住了人们的视线，遮住了蓝蓝的天空。

师： 不错。下一个，秋天——

生： 白桦和栎树的叶子变黄了，松柏显得更苍翠了。秋风吹来，落叶在林间飞舞。

师： 好。冬天——

生： 雪花在空中飞舞。树上积满了白雪。

师： 非常好，很多同学都找到了。认真比较着读，你们会发现同样是树，但是在这四个季节里，它们却各有特点，各不相同。大家想不想看一看？睁大眼睛，我们来看一看小兴安岭的树木。

（出示小兴安岭树木的美丽图片供学生欣赏。）

师： 小兴安岭美不美？

生： 美！

师： 这么美，当然要读得美了！请四位同学，再来读读这四个句子。

（生有感情地朗读。）

师： 大家看写春天树木的这句话，作者的用词多么精准！春天，树木抽出新的枝条，"抽出"是什么感觉？

生：抽出的速度很快。

师：你见过谁从什么地方抽出过什么？

生：妈妈从抽纸盒里抽出了一张纸，速度就很快。

生：爸爸从钱包里抽出了一百块钱。

生：上次爸爸生气了，抽出皮带要揍我。

师：的确，抽出的速度特别快。春天，树木生长得非常快，几天就是一个样子，所以作者用到了"抽出"，谁再来读一读这句话，让我们感受到春天树木的生机勃勃！

（多人读。）

师：进步很大，真好，不过，还可以读得更好，大家看看这段小视频（播放侠客从剑鞘中抽出剑的视频）。谁再来读一读！

（多人有感情地朗读这句话。）

点评：王老师将描写四季树木的句子归类整理，引导学生对比朗读，学生就能发现作者按四季顺序、抓住特点写景物的写作方法，这对于培养学生谋篇布局的能力大有益处。

师：作者写得多么生动啊！这就是小兴安岭春季的树！除了树木，作者还从每一个季节里选出了一种很有代表性的景物来写，请同学们仔仔细细地读读这篇课文，看看在不同的季节里作者还写了哪种有代表性的景物？

（学生自主阅读，思考问题，勾画句子。）

师：春天作者写到的是——

生：小鹿。

师：谁找到了写小鹿的句子？读给大家听听。

生：小鹿在溪边散步，它们有的俯下身子喝水，有的侧着脑袋欣赏自己映在水里的影子。

师：小鹿可爱吧？想想看，这么可爱的小鹿从山上下来，除了喝水，除了欣赏自己的倒影，可能还会干什么？

生：小鹿会在草地上奔跑。

生：有的会捉迷藏。

生：有的会吃草。

生：还有的可能三五成群地互相追逐打闹。

……

师：非常好！这次我们的朗读又要有创造性了，我们这样读，谁能直接连下去？

（出示：小鹿在溪边散步，它们有的俯下身子喝水，有的侧着脑袋欣赏自己映在水里的影子，有的＿＿＿＿＿＿＿＿＿＿，还有的＿＿＿＿＿＿＿＿＿＿＿＿＿＿＿＿。）

生：小鹿在溪边散步，它们有的俯下身子喝水，有的侧着脑袋欣赏自己映在水里的影子，有的在欢快地奔跑，还有的在三五成群地捉迷藏。

生：小鹿在溪边散步，它们有的俯下身子喝水，有的侧着脑袋欣赏自己映在水里的影子，有的在津津有味地吃草，还有的相互追逐打闹。

生：小鹿在溪边散步，它们有的俯下身子喝水，有的侧着脑袋欣赏自己映在水里的影子，有的欢快地跳跃着，还有的围在一起开心地聊着天。

师：这就是春天非常特别的、小朋友们都非常喜欢的小鹿。我们赶快来看一看夏天，夏天你又被什么吸引住了？

生：野花。

师：谁找到了描写野花的句子？

生：草地上盛开着各种各样的野花，红的、白的、黄的、紫的，真像个美丽的大花坛。

师：课文中写到了四种颜色，你还能想到什么颜色？

生：蓝的。

生：粉的。

生：橘色的。

生：红白相间的。

生：还有可能是七色的。

师：太特别了。那谁能有创意地来读一下这句话？

（出示：草地上盛开着各种各样的野花，红的、白的、黄的、紫的、_____、_____、_____，真像个美丽的大花坛。）

生：草地上盛开着各种各样的野花，红的、白的、黄的、紫的、粉的、蓝的，真像个美丽的大花坛。

生：草地上盛开着各种各样的野花，红的、白的、黄的、紫的、蓝白相间的、红白相间的，真像个美丽的大花坛。

生：草地上盛开着各种各样的野花，红的、白的、黄的、紫的、五色的、七彩的，真像个美丽的大花坛。

师：好，现在我们一起来读一读这个句子，注意一下这些颜色。

（生再次有感情地齐读。）

师：那么多颜色，谁能想到一个词来形容一下？

生：万紫千红。

生：五彩缤纷。

生：五颜六色。

师：同学们，这里面还有一个词我留意到了，文中说的是——各种各样。大胆去想象一下都有什么样的？

生：像喇叭的。

生：像扇子的。

生：像蝴蝶的。

生：像马蹄的。

生：像星星的。

师：真的是各种各样！谁能有创造性地读一读这段话？

（出示：草地上盛开着各种各样的野花，有像_____的，有像_____的，有像_____的，真像个美丽的大花坛。）

生：草地上盛开着各种各样的野花，有像扇子的，有像蝴蝶的，有像喇叭的，真像个美丽的大花坛。

生：草地上盛开着各种各样的野花，有像星星的，有像马蹄的，有像喇叭的，真像个美丽的大花坛。

生：草地上盛开着各种各样的野花，有像马蹄的，有像圆球的，有像蝴蝶的，真像个美丽的大花坛。

师：同学们，小兴安岭的夏天果然美！秋天呀，会让你流口水的。赶快看一看，你看到了什么？

生：我看到了酸甜可口的山葡萄，又香又脆的榛子，鲜嫩的蘑菇和木耳，还有人参等名贵药材。

师：同学们，请看前方。把自己的嘴巴捂好，不许流口水。（出示图片）这是什么呢？

生：山葡萄。

生：酸甜可口的山葡萄。

生：鲜嫩多汁的山葡萄。

师：（出示图片）这又是什么呢？

生：又香又脆的榛子。

师：（出示图片）这个呢？

生：鲜嫩的蘑菇和木耳。

师：（出示图片）最后一个宝贝是什么呢？

生：人参。

师：怎样的人参？

生：珍贵的人参。

师：你们看到这些宝贝感觉怎么样？还不错吧！现在再来读一读，谁能把别人读得流口水了，证明你的水平很高。

（指名让学生们有感情地朗读，教师相机评价。）

师：同学们都读得太好了，现在我们一起读一读。

（生有感情地齐读。）

师：同学们，小兴安岭秋天的果实可真多，多得我们都数不过来，有些我们想都想不到。王老师查了资料，我们一起来看一看。

  山林内有野生药材 320 多种，其中鹿茸、熊胆、麝香、五味子、党参、黄芪等十分名贵。

  小兴安岭还是山野果、山野菜的丰产区。有松子、山核桃、山梨、山葡萄、猕猴桃等山野果 30 多种；蘑菇、木耳、猴头菌、金针菜、蕨菜等已被采集利用的山野菜资源有 20 多种，开发利用潜力巨大。

师：看了这些资料，你一下子记住了上面所提到的哪种药材或果实？

生：我记住了金针菜、麝香。

师：别着急，你能不能用一个词语形容一下？

生：鲜嫩的金针菜，毛茸茸的麝香。

师：谁能继续这样说下去？

生：酸甜可口的山葡萄，美味的猕猴桃。

生：多汁的山梨。

生：珍贵的熊胆。

师：很好，给大家一点时间，再来创造性地读一下这段话。（出示：这时候，森林向人们献出了酸甜可口的山葡萄，又香又脆的榛子，鲜嫩的蘑菇和木耳，_____ 的 _____，_____ 的 _____，还有人参等名贵药材。）

生：这时候，森林向人们献出了酸甜可口的山葡萄，又香又脆的榛子，鲜嫩的蘑菇和木耳，美味的猕猴桃，鲜嫩的金针菜，还有人参等名贵药材。

生：这时候，森林向人们献出了酸甜可口的山葡萄，又香又脆的榛子，鲜嫩的蘑菇和木耳，毛茸茸的麝香，珍贵的熊胆，还有人参等名贵药材。

生：这时候，森林向人们献出了酸甜可口的山葡萄，又香又脆的榛子，鲜嫩的蘑菇和木耳，嘎嘣脆的山核桃，香甜的山梨，还有人参等名贵药材。

生：这时候，森林向人们献出了酸甜可口的山葡萄，又香又脆的榛子，鲜嫩的蘑菇和木耳，鲜嫩的金针菜、蕨菜，味道鲜美的猕猴桃、山梨，还有人参等名贵药材。

师：同学们，这就是小兴安岭！它既像一个花坛，又像一个宝库，那么冬天的小兴安岭又是怎样的景象呢？我们下节课再来继续学习。课后请同学们正确规范地书写所学的生字，背诵你喜欢的句子，积累语言。下课。

点评：田本娜教授说：语言文字的学习必须由"知"到"行"。"行"就是运用，就是实践。王老师紧扣"_____的_____"这一表达方式，引导学生通过朗读体会修饰语的妙处，再补充资料让学生在实践运用中习得把事物写具体、生动的方法。

总　评

一、教有思想

课堂是有思想的，是有主张的。王老师课堂的教学思想非常明确——指向语用。语用不是为语用而语用，而要与课堂内容相融，与课文情感相融，与文本情境相融。王老师在课堂上，以课文为载体，通过学习活动的设计，引导学生感知语言、理解语言、运用语言，做到了语文学习的"言""意"兼得。

二、教有学科

课标指出：语文课程是一门学习语言文字运用的综合性、实践性课程。吴忠豪教授主张语文要选择"本体性内容"来教。一篇课文，"本体性内容"不少，然而一堂课的时间有限，面面俱到既不现实也无必要。王老师此课结合学科特点、年段特点、文体特点和文本特点，精选教学内容，利用课文语境，着力于语言训练，实现"学习语言文字运用"的教学价值最大化。

三、教有意思

课堂知识学习是干货，是技能、能力培养的基础。但知识呈现、技能培养要符合学生的认知和思维特点，要体现层次性和趣味性，让学生学得有兴趣。王老师在教学中，结合学生认知特点，通过看图猜想、图片识字、利用补充资源进行说话训练等方法，创设多样化的学习情境，让学生学得兴趣盎然。

四、教有意义

课堂要体现教书与育人的统一，要体现工具与人文的融合，还要体现教与学的融合，让课堂有实实在在的收获。王老师的课堂通过平等、宽松的环境创设，巧妙、智慧地引导学生朗读，语言训练扎实有效，使学生的语文能力得到了实实在在的提升。

点评：王先云（著名特级教师）

单位：海南省海口市长滨小学

辑二
文言文教学

文言文,这样教更有效

一、文言文教学的困惑

提到文言文的教学,我们首先想到的一定是初中,甚至是高中,的确,文言文与小学关系似乎不那么密切。一直以来,在不同版本的小学教材中出现的文言文数量都非常有限。正因为接触得少,小学阶段的文言文教学也就研究得不够深入,种种困惑让老师们更是觉得文言文不好教,甚至产生了为难情绪。

1. 相对陌生

小学生,包括小学教师对于文言文都感觉比较陌生,原因就在于之前小学阶段的教材中文言文的选文数量太少了。以人教版教材为例,第一学段和第二学段没有出现过文言文,第三学段也是到五年级下册才出现了首篇文言文——《杨氏之子》,小学阶段总共出现的文言文仅有四篇且极为短小,少则五六十字,最多的也就百余字。因为选文数量太少,因此师生对文言文都有一种生疏感,接触得少,熟悉都谈不上,热爱就更无从谈起了。

2. 不太好读

要读好文言文,一方面需要合理地断句,另一方面需要准确地读出那些生僻字、通假字的读音。要做到这两点并不容易,别说是小学教师,就连大学教授都很可能误读某些字的字音。以统编教材六年级下册《文言文二则》中的《学弈》一文为例,文中的"一人虽听之,一心以为有鸿鹄将至,思援弓缴而射之",

这句话中的"缴"字很容易读为"jiǎo"。的确,我们常常听到的"缴费、缴纳"等词语中的"缴"字都读为"jiǎo",但在这里,"缴"字表示的意思是"带有丝绳的箭,射出去后可以将箭收回",要读作"zhuó"。面对这样一个并不常用的读音,如果我们没有理解字义,误读就很难避免。

3. 难以理解

我们都知道,文言文的语言高度凝练,很多字古今意思并不相同,加上通假字较多,因此要理解还真有一定的难度。以统编教材六年级下册的《文言文二则》中的《两小儿辩日》为例,该文中的"去"字古今意思发生了很大的变化,用学习现代文的经验来思考,学生很难想到"去"字所表达的是"离"这样的意思。这一课《学弈》一文中的"为是其智弗若与?曰:非然也。"一句带有一个"为"字,《两小儿辩日》一文中的"两小儿笑曰:'孰为汝多知乎?'"一句也带有一个"为"字,并且同读第四声,但我们知道它们所表达的意思是不相同的,前者的意思是"因为",后者则通"谓",意思是"说"。面对如此复杂的情况,小学生要能够理解得很好的确是比较困难的。

4. 缺乏趣味

较之现代文教学,很显然,文言文的教学是比较枯燥的。面对昏昏沉沉的学生,我们不能急着发火,要思考文言文教学到底出了怎样的问题?当前小学阶段的文言文教学因循守旧,教法模式化,教学步骤大体为:(1)导入,理解课题;(2)初读,读准字音;(3)再读,理解字词;(4)三读,解释句义;(5)背诵,总结升华。如此模式化的教学很难激发起学生的积极性,也无趣味性可言,学生自然主动性缺失,这样枯燥乏味的教学当然无法点燃他们对文言文学习的热情。

二、文言文教学的有效策略

翻开统编教材,我们发现文言文的数量剧增,小学阶段出现的文言文多达

14篇，比之前的人教版整整多出了10篇。而且文言文出现得很早，从三年级上册开始，一直到六年级下册，每一册教材中都安排了文言文，且从四年级上册开始，每一册教材中都安排有两篇文言文。面对文言文数量剧增的情况，回首当前现状堪忧的文言文教学，我们必须开始高度重视文言文的教学，探索统编教材视域下文言文教学的有效策略。

1. 以读为本，在反复读中了解内容

从当前文言文教学的问题出发，只有盘根问底，才能寻找到有效的应对策略。盘根，这个"根"就是《义务教育语文课程标准（2011年版）》。它在"课程目标"中提出，学生要"能借助工具书阅读浅易文言文"。在第三学段的具体目标中又指出，要"诵读优秀诗文，注意通过语调、韵律、节奏等体味作品的内容和情感"。关注"诵读、语调、韵律、节奏"等几个关键词，不难发现，学习文言文，读无疑是极为有效的方法。问底，这个"底"就是教材，打开三至六年级的统编教材，我们发现几乎每一篇文言文课后题的第一题都是"正确、流利地朗读课文"。经过一番盘根问底，我们发现了学习文言文的首要策略就是读。

文言文的读，首先要读得正确，学生可以借助拼音、注释，将文言文读正确，同时还要注意读好句子中的停顿。其次要读得通顺，就是要读得文从字顺，断句合理，通畅自然，力争做到声断气连。最后要读出韵味，学生可以通过想象画面等方式理解文章内容，把自己体会到的情感带入朗读之中。

当然，要读出文言文的韵味并不容易，教学时一定要引导学生展开想象，丰富画面，从而有所体会，读出文言文的韵味。以统编教材三年级上册《司马光》一课为例，课文中写道："众皆弃去，光持石击瓮破之，水迸，儿得活。"我们知道，三人成众，当时在场的孩子比较多，可不只司马光一个人。当司马光持石击瓮时，其他人皆弃去，会是怎样的场景呢？教学时，我们可以请学生来扮演小伙伴们，通过多媒体展现画面、播放声音，营造氛围，教师同步叙述故事情节，当读到"一儿登瓮，足跌没水中"时落水的声音响起，扮演小伙伴们的学生进行表演。这样一来，众人的四下跑开就与司马光的冷静机智、持石击

瓮形成了鲜明的对比。真切的情境，真实的画面，对于学生读好这段话、读出韵味是很有好处的。

再以统编教材四年级下册《囊萤夜读》一课为例，这一课写道："家贫不常得油，夏月则练囊盛数十萤火以照书，以夜继日焉。"这段话中的"以夜继日焉"值得挖掘，教学时，我们可以通过语言渲染情境：同学们，现在，你就是车胤，都晚上十一点了，赶快睡吧？你睡不睡？时间过得飞快，已经到了凌晨一点了，你还在看书，别看了，别看了，都这么晚了，你继续吗？凌晨三点了，所有人都睡觉了，这么晚了，真的挺累的，而且可能还有蚊子叮你呢，你就睡吧，睡吧！都凌晨五点了，这会儿肯定很累了，上眼皮和下眼皮开始打架了，那就睡吧！你为什么不睡呢？通过几轮师生之间情景模拟式的对话，学生就体会到了什么是"以夜继日焉"。当学生深入理解了"以夜继日焉"这句话后，再读课文，自然会读出其中的韵味。

2. 教给方法，在自主探究中理解内容

我们知道，文言文是基于古代汉语改造的书面语言，行文简练。正因为语言极为凝练，因此言简义丰，不容易理解。当前，小学文言文的教学存在两种比较极端的方式。一种是字字落实型，一字一词不放过，古今对照来翻译。教师认为文言文中的每个字都不好理解，因此只有讲清楚了每一个字的意思，学生才可能读懂文章，理解大意，于是文言文课被上成了翻译课，枯燥乏味；另一种是置之不理型，教师认为文言文后面是有注释的，再或者借助工具书，学生是能够自主理解大意的，不用过多解释，于是文言文教学结束后，学生往往还是云里雾里，不知所云。

教学文言文，特别是在理解字句意思方面，我们应该适度而为，不走极端。为了让理解字词句意思的教学更有效，我们一定要细读课后题，充分领会编者意图，教给学生适当的方法。

以三年级上册《司马光》一课为例，翻开课后题，我们发现第二题写道："借助注释，用自己的话讲一讲这个故事。"可见，这一课理解词句的意思，主要运用的方法就是看注释。再看看仅仅两句话的课文下面，注释就多达六处。

看来，学习这一课，我们必须带领学生关注注释。

四年级下册《囊萤夜读》一课，第二题明确指出，要"借助注释，理解课文中每句话的意思"。紧接着的第三题在泡泡中写道："用这样的方法，我们能更好地学习文言文。"这样的方法是怎样的方法呢？细读题目，我们发现，还可以通过扩词的方法来理解字词，比如"胤恭勤不倦，博学多通"一句，"恭、通"两个字我们都能在注释中找到意思，那么"倦"又是什么意思呢？为"倦"字扩词，变为"疲倦"，这不正是它的意思吗？原来，教学这一课，除了看注释，还可以通过扩词的方法帮助学生理解意思。

同样，统编教材五年级上册的文言文《古人谈读书》、六年级下册的《文言文二则》也都在课后题中点明了理解词语的方法，无论是联系生活实际，还是联系上下文都是很有效的理解文言文大意的方法。教学时，我们一定要紧扣课后题，深入分析，充分领会编者意图，这样才能教给学生最适当的方法。

3. 阅读链接，在拓展中感受传统文化

《义务教育语文课程标准（2011 年版）》强调了课堂教学资源和课外学习资源对语文教学的重要性。因此在文言文的教学中，我们也要有意识地以课本为基础，进行相关资源的链接。在资料的链接过程中，可以抓好以下三个时间节点。

课前：引入资料，做好铺垫。对于小学生而言，文言文是比较陌生的，学习起来有新鲜感，但同时也很可能产生畏惧心理，因此，导入新课时适度链接资料来做铺垫就显得很有必要。《司马光》是统编教材三年级上册的一篇文言文，也是统编教材中出现的第一篇文言文。教学时，我们就可以请学生看图猜故事，引出《曹冲称象》《乌鸦喝水》《司马光砸缸》等智慧故事，一方面能够扩大学生的阅读量，另一方面也能为课文的学习做好铺垫。接着，教师可以讲述文言文版的《司马光》，使之与现代文版的故事形成鲜明的对比，从而让学生感受到文言文与现代文的不同。

课中：重难点处，补充渗透。与现代文相同，文言文中也会有重点句段，也会有难以理解的词句。为了帮助学生读懂相关的句段，我们可以通过及时补

充相关内容帮助学生阅读理解，化难为易。《囊萤夜读》是统编教材四年级下册中的一篇文言文，文中的第二句"家贫不常得油，夏月则练囊盛数十萤火以照书，以夜继日焉"是重点句。这句话用一连串的动作具体写出了车胤刻苦读书的情景，这样的表达方法学生不容易领会。教学时，我们可以从这一重点句出发，进行拓展性阅读。文言文《凿壁借光》就是不错的拓展阅读资料，文中写道："匡衡勤学而无烛，邻舍有烛而不逮，衡乃穿壁引其光，以书映光而读之。"作者也使用了一连串的动作表达出匡衡的勤奋。这样在重点处适度拓展，一方面让学生对重点句的表达方法有了更深入的体会，另一方面扩大了学生的阅读量，同时也让学生更进一步地感受到了古人刻苦读书的精神。可以说，这样做能够让工具性和人文性得到有机的融合。

课后：课外用法，拓展阅读。课堂教学中，我们重点教给学生的是阅读方法，课后就要让学生运用方法进行拓展阅读了，正所谓课内得法，课外用法。一节课虽然结束了，但学习并没有结束，甚至可以说，一节课的结束实际上就是全新阅读活动的开始。下课时，我们可以布置相关的阅读篇目让学生运用方法去读，加深体会。《司马光》一课的教学结束了，我们可以让学生借助注释阅读《龟兔赛跑》的文言文版，巩固借助注释理解句子意思的方法，同时还可以让学生对比着阅读《龟兔赛跑》的文言文版和现代文版，深刻感受到文言文与现代文的不同特点。《囊萤夜读》一课学完了，我们可以推荐学生阅读《孙康映雪》《江泌映月》等文言文，让学生深刻感受古人刻苦读书的精神，进一步巩固借助注释和扩词理解意思的方法。

4. 聚焦词句，在学习活动中丰富语汇

我们都知道，词、句是构成段落与篇章的基石，学习语文，如果不去关注字词句，那就形同空中建楼阁。吴忠豪教授语重心长地说过："小学语文课程应该将丰富学生语言经验作为教学的首要任务。这是我研究四十多年语文课程教学得出的结论。"的确如此，一个语汇贫乏的人，是不可能有深刻的思维、细腻的情感。教学语文，我们必须聚焦字词，不断丰富学生的"语言经验"。

教学统编教材五年级上册《古人谈读书》一课的第三则时，我们就可以从

巩固前两则中学到的读书方法名言出发，引导学生背诵"读书有三到，谓心到，眼到，口到""知之为知之，不知为不知，是知也"等名言，并以这些有关读书的名言为主线设计这节课阅读、质疑的教学流程。《古人谈读书》一课的第三则写道："有识则知学问无尽，不敢以一得自足，如河伯之观海，如井蛙之窥天，皆无识者也。"细细品读，我们会非常敏锐地发现这句话中暗藏的两个成语——"井蛙窥天""河伯观海"，教学时可以引导学生有所发现并背诵积累。同时，还可以引导学生紧扣"窥"字，进行适度拓展，积累"管中窥豹""牖中窥日"等成语。有了丰富的积累，学生再进行表达时就不会有巧妇难为无米之炊的尴尬了。

教学统编教材六年级下册《文言文二则》中的《两小儿辩日》时，我们也可以着眼积累，从背诵孔子的名言入手。开课时，教师可以出示名言的部分内容，请学生补充，从而丰富学生的积累。"学而时习之，不亦说乎？有朋自远方来，不亦乐乎？人不知而不愠，不亦君子乎？""见贤思齐焉，见不贤而内自省也。""三人行，必有我师焉；择其善者而从之，其不善者而改之。"这些名言积累起来并不难，很多学生之前都是有所了解的。当学生了解到这些耳熟能详的名言都是出自孔子之口时，立刻就会对孔子产生敬仰之情，这时再告诉学生，面对两个孩子的一个问题时，孔子这位被联合国教科文组织评为"世界十大文化名人"之首的思想家、教育家却"不能决也"，到底这两个孩子问了怎样的问题呢？这样的导入不仅丰富了学生的积累，而且激发了学生的兴趣，能够取得一石二鸟的效果。

5. 关注语用，在语言实践中提升能力

《义务教育语文课程标准（2011年版）》明确指出：语文课程是一门学习语言文字运用的综合性、实践性课程。教学语文，我们一定要关注语言文字，发现作者的表达方法，通过情境创设，引导学生运用语言，习得方法，提升学生的语文素养。教学现代文，老师们大都已经形成了关注语用的教学习惯，但是对于文言文，总会觉得理解是能够做到的，要发现表达方法，运用写法进行表达就不知如何落实了。其实，古人写文章跟我们一样，也是有方法的。如果我

们能够潜心阅读文本，精心解读教材，特别是能够站在制高点向下看时，就能发现作者表达的秘妙所在了。

以三年级上册《司马光》一课为例，课文写道："群儿戏于庭，一儿登瓮，足跌没水中。众皆弃去，光持石击瓮破之，水迸，儿得活。"细读课文，我们不难发现，原来作者写这篇文章的方法像极了学生写《一次大扫除》或者《课间十分钟》的方法，都是先从整体上写，再抓住某一两个重点人物来具体描写。"群儿戏于庭""众皆弃去"就是从整体上来写的，而"一儿登瓮，足跌没水中""光持石击瓮破之"则是对重点人物的具体描述，这样的写法并不高深，也并不难。教学时我们可以创设情境，引导学生进行表达。课文中说"群儿戏于庭"，自然，在庭院里游戏的孩子不少，那么除了这位登瓮的孩子，其他孩子又在玩什么游戏呢？我们可以紧扣这一空白处引导学生练习表达，说一说："群儿戏于庭，一儿登瓮，一儿_____，一儿_____，一儿_____。"这样进行语言运用的实践，不仅能够提升学生的语言表达能力，还能丰富课文所描述的画面，让学生有更深刻的体验，更好地去理解这段话。

教学六年级下册《文言文二则》中的《两小儿辩日》时，我们也可以紧扣这句话"一儿曰：'日初出大如车盖，及日中则如盘盂，此不为远者小而近者大乎？'"进行语用的拓展练习。课文中，一儿为了表达"日初出大而日中时小"的观点，用到了车盖和盘盂进行对比，那么除了这两个大小相差甚远的物体外，还有哪些圆形的物体也可以形成鲜明的对比呢？我们不妨让学生运用课文中的句式进行表达。一儿曰："日初出大如_____，及日中则如_____，此不为远者小而近者大乎？"这样一来，学生很快就能说出水车与轮胎、井盖与瓶盖、棋盘与纽扣等对比鲜明的物体。就在这样的表达过程中，学生对这一小儿的观点也就更清楚了。

6. 兼顾要素，在相融相生中适度凸显

我们非常清楚，统编教材是以双线组元的，可以说语文要素的明确提出为老师们进行语文教学提供了有效的抓手。关注语文要素，以语文要素为核心目标组织教学，已经成为一线教师的一种共识。但是，我们还必须清楚地认识到，

古诗词和文言文是嵌入双线组元的教材中的，古诗词及文言文的教学与语文要素并非鱼水不可分离，并不是非得要呼应语文要素才行，强拉硬拽地凸显语文要素势必会导致邯郸学步、无所适从。我们要适度而为，适可而止。也就是说，我们必须从古诗词、文言文的特点出发，特别是从"这一篇"的表达特点出发来考虑能否呼应语文要素。

　　统编教材六年级下册第五单元的语文要素为：体会文章是怎样用具体事例说明观点的。本单元的口语交际栏目安排的也是辩论，明确指出当我们之间的看法产生分歧时，可以进行辩论，即通过摆事实、讲道理来丰富认识，帮助我们全面地看待事情，处理问题。《两小儿辩日》正巧位于这一单元首篇课文《文言文二则》之中，我们不难发现，《两小儿辩日》就是两个孩子在辩论，两个孩子就是用具体事例来说明自己的观点的，这正好跟本单元的语文要素相吻合。面对这样的巧合，我们没有理由不落实语文要素。因此，教学这篇文言文，我们就可以与语文要素进行关联，设计教学。可以紧扣"孔子东游，见两小儿辩斗，问其故"一句中的"辩斗"一词，指导学生读好句子："一儿曰：'我以日始出时去人近，而日中时远也。'一儿曰：'我以日初出远，而日中时近也。'"当学生读出"辩"的语气时，再引导学生进行表达，寻找具体事例来说明自己的观点："一儿曰：'日初出大如＿＿＿＿，及日中则如＿＿＿＿，此不为远者小而近者大乎？'一儿曰：'日初出＿＿＿＿，及日中＿＿＿＿，此不为近者热而远者凉乎？'"当学生找到事实依据，能够填写句子时，我们可以请出多位同学，将观点相同的组成团队，与持另一观点的团队进行辩论。这样不仅训练了学生的语言表达能力，同时也将本单元的语文要素落到了实处。

　　文言文是我国传统文化遗产中的瑰宝，统编小学语文教材中文言文篇目的剧增就是要让学生从小感受传统文化的魅力，尽早积累这些宝贵的财富。作为小学语文教师，我们一定要深入思考，大胆实践，采用有效策略，不断提升文言文教学的效率。

古今对照，在语言实践中感悟文言文的魅力
——《司马光》教学实录

一、图片引入，在古今对照中感悟文言文的特点

师：同学们，我知道你们读过很多故事，看到这幅图片，你们想到了哪个故事？

生：《曹冲称象》。

师：曹冲很聪明，想到了称象的办法。下面这幅图呢？

生：《乌鸦喝水》。

师：真好！原本喝不到水的乌鸦动脑筋想办法，最后就喝到水了。下一幅图呢？

生：《司马光砸缸》。

师：都听过这个故事吗？不过，今天王老师要讲另外一个版本的故事给大家听："群儿戏于庭，一儿登瓮，足跌没水中。众皆弃去，光持石击瓮破之，水迸，儿得活。"故事讲完了，你听后什么感觉？

生：太深奥了，有点听不懂。

师：你说出了自己真实的感受，很好。因为这是《司马光砸缸》的文言文版本，的确不好理解。接下来大家再听一听这个故事的现代文版本。

司马光砸缸

有一回，司马光跟几个小朋友在花园里玩。花园里有假山，假山下面有一口大水缸，缸里装满了水。

有个小朋友爬到假山上去玩，一不小心，掉进了大水缸。

别的小朋友都慌了，有的吓哭了，有的叫着喊着，跑去找大人。

司马光没有慌，他举起一块石头，使劲砸那口缸，几下子就把缸砸破了。缸里的水流出来了，掉进缸里的小朋友得救了。

师：这次听懂了吗？

生：一下子就听明白了。

师：来，说说你的感觉，文言文版和现代文版有什么区别？

生：文言文不好理解。

生：文言文的故事短，现代文的故事长。

师：对，这就是两者的区别。刚刚听了故事，大家一定知道了这个故事的主人公就是——

生：司马光。

师：你们猜猜他姓什么。

生：姓司马。

师：像司马、诸葛、呼延等姓氏都是复姓，我们一起来写主人公的名字。

（教师板书课题，指导书写生字"司"。）

点评：古文首次在教材中与学生会面，用古今对照的方式，有益于降低难度，拉近距离。

二、整体感知，运用多样的方法学习多音字读音

师：文言文看起来特别短，但却不好读。大家先来试着读一读吧，注意把字音读准确，语句读通顺。

（学生自己练习读课文，然后请一位学生读课文。）

师：你读得真不错，有什么经验吗？

生：我以前读过文言文，觉得读的时候要慢一些。

师：对，这样才能读得更有韵味。谁再来试试？

（另一位学生读课文，读得很不错。）

师：大家看，课文中这个字是一个多音字，这两位同学不约而同地都把它读作"mò"，为什么选择这个读音？

生："没"字有两个读音，如果读成"足跌没（méi）水中"，就特别不顺，所以应该是"足跌没（mò）水中"。

师：这位同学告诉了我们一种非常好的方法叫"感觉"，那我们把两个读音分别带入句子中读一读，大家感觉一下。

生：群儿戏于庭，一儿登瓮，足跌没（mò）水中。

生：群儿戏于庭，一儿登瓮，足跌没（méi）水中。

（生笑。）

师：大家是不是一下子就感觉到了有问题？感觉是一种很重要的方法，学语文语感很重要。不过我知道，刚刚大家选择读音"mò"肯定还有别的原因，谁来说？

生："没"字是多音字，我给它组了两个词，一个是"没有"，一个是"淹没"，在这一句里我觉得"淹没"更合适，所以应该读作"mò"。

师：就是说这个孩子掉进水缸中被水"淹没"了，而不是掉进水缸中就"没了"（生笑），所以"没"在这里读作"mò"。这个同学用的方法更好，它叫组词法。

生：还可以看看这个多音字的意思，"没（méi）"就是什么都没有了，"没（mò）"就是被什么东西盖住了。

师：根据字义来判断，这个方法很好。这一课还有一个多音字，"儿得活"的"得"字，用刚才大家说的方法，你觉得应该选择哪个读音？

生："儿得活"，就是这个孩子得到了生还。根据这个意思，我觉得应该读"dé"。

师：字音我们全都掌握了，那位同学也告诉了我们一个很重要的方法，就是要读得慢一些。下面，大家再练习读一读这篇课文吧。

（学生练读后指名读。）

师：听完这位同学的朗读，我又发现了读文言文的一个妙招——声断气不断，听老师读一遍。

（学生听读后再次练习读。）

师：特别好，文言文就要多读，读得多了自然就明白了，大家放出声音，再一起来读一读。

点评：文言文的学习，"读"是关键。在读通读顺的过程中，学生就能大致明白其意。这篇文言文中的两个多音字读音的确定，是读准课文的关键，所以老师将其作为一个重点，不惜花时间，从多个角度引导学生掌握。

三、聚焦字词，在古今联系中理解文言文的大意

师：同学们，学语文要多读，还要多思考。请大家读一读课文的第一句话，把你不明白的地方圈画出来，一会儿我们交流。

（学生自读，圈画。）

生：我不知道"群"是什么意思。

生：我不知道"戏"和"庭"是什么意思。

生："足跌"是什么意思？难道是说他的脚摔倒了吗？

师：很多人认为文言文很难学，其实一点儿都不难。王老师要告诉大家文言文中的不少字的意思从古代到现代都没有变，我们可以用现代的意思来理解它。比如"群"，现在的意思就是"一群"，"群儿"就是——

生：一群儿童，也就是一群小孩。

师：很好，"庭"就是——

生：庭院。

师："戏"就是——

生：游戏。

师："跌"就是——

生：跌倒。

师：原来古今很多词语的意思没有发生变化，现在，这段话的意思谁都理解了请举手？

生：（举手回答）一群小孩在庭院里玩，一个小孩爬上水缸，不小心跌了下去。

师：真不错，看来学习文言文并不难。我们继续学习第二句话。我写一个字，你们猜一猜它是什么意思。"光持石击瓮破之"中的"持"是什么意思？

生：拿着。

师："持石"就是拿着石头。拿着一根棍子叫——

生：持棍。

师：拿了一把剑叫——

生：持剑。

师：拿了一把大刀叫——

生：持刀。

师：拿了一把枪，叫——

生：持枪。

师："持"的意思就是拿着，是不是不难理解？我们再来看一个字，"击"是什么意思？

生：就是击打。

师：古今意思不变的字大家都理解了，很好。不过，这里有一个字很特别，它在古文中很常见，现代文中不多见，"光持石击瓮破之"，这个"之"字是什么意思？

（生摇头。）

师：想想看，他把什么给击破了？

生：我知道了，他把那个大水缸给击破了，这个"之"就指的是"瓮"。

师：很好，这个"之"的确指代瓮。现在，大家把这个"瓮"放在"之"的位置上来读一读。

生：光持石击瓮破瓮。

师：跟课文中的句子比一比，什么感觉？

生：两个"瓮"字中间就隔了一个"破"，感觉有些重复。

师：大家一起来读一读这个句子，再来体会体会。

生：光持石击瓮破瓮。

师：你们读得越来越好了，王老师要表扬你们！我们知道，"持"就是"拿着"，"击"就是"击打"，那么"光"是什么意思？

生：光亮、光明。

师：难道光亮还会用石头……是不是发现有问题了？怎么办呢？王老师教给大家一个方法，叫作看注释。大家看看注释，"光"是什么？

生：司马光。

师：原来它既不是"光亮"也不是"光明"，而是课文中的主人公司马光。课文中还有一个字，"水迸"的"迸"是什么意思？

生：就是水流了出来。

师：你觉得是怎样流出来的？看看课文插图。

生：快速地流出来。

点评：指导小学生理解文言文的意思，不宜用枯燥的一一对应的方式。王老师很巧妙地和学生对话，在对话中帮助学生理解，学会思考，掌握方法。

四、引导想象，在语言运用中丰富故事的画面

师：司马光拿着石头砸破了水缸，这个孩子得救了，其他孩子怎么做的？

生：众皆弃去。

师：三人成众，大家看这个"众"字，三个人字的写法一样吗？比一比"人"和"众"中的三个"人"的写法，你发现了什么不同？

生：最上面的"人"字要写得大一点，把下面的两个"人"字盖住，左下方的"人"字捺变成点，要给右下方的"人"让位置。

师：对，如果三个"人"一个不让一个，写出来就变成了这个样子（板书），好看吗？

生：不好看。

师：来，在你的本子上练习写一写这个"众"字吧。

（学生练写，教师巡视指导。）

师：同学们，课文中写到"众皆弃去"，咱们来还原一下当时的情景，请几位同学到前面来，两个人够不够？（生摇头）那几个人合适呢？

生：五六个吧。

师：再上来几位，现在够了吗？

生：够了。

师：课文中说这个孩子掉水缸里了，其他孩子是"众皆弃去"，如果你要"弃去"，会怎么走？

生：我就跑了。

生：我会边跑边喊："救命啊！救救那个孩子！"

师：那咱们来试演一下当时的场景，其他同学注意看看他们几个人是怎么做的。

（学生表演，"砰"的一声响，台上的几位学生四处跑走。）

师：谁来说说，刚才这几位同学是怎么做的？

生：他们几个有的摔倒了，有的喊救命，有的边跑边大叫。

师："众"指人很多，在第一句话中，有一个字的意思也是人很多，发现了吗？

生："群儿戏于庭"中的"群"字。

师：非常好，"群儿"是一群孩子，"戏"就是游戏，一群孩子在院子里做游戏，会做什么游戏呢？

生：我们一起踢球，一起跳绳。

生：我和小伙伴玩捉迷藏，老鹰捉小鸡。

师：根据你的经验，你还能不能接着说下去？群儿戏于庭，一儿登瓮，一儿——

生：一儿蹴鞠。

生：一儿跳绳。

生：一儿拍皮球。

师：有了大家的想象，这个故事更有意思了。现在，请同学们加上他们是怎么玩的，一儿跌落水中后他们是怎么跑的，把这个故事讲给同学听一听，同桌之间先来互相讲一讲。

（学生练习，教师巡视指导。）

师：谁准备好了，讲给大家听？

（几位学生分别加上想象的内容讲故事。）

师：这几位同学的故事讲得真不错，值得表扬！同学们，这是一篇短小的文言文故事，我们要把它记下来，背过。现在大家练习一下，我们看谁能背过。

（学生练习背诵后指名进行背诵。）

师：背得真好。课文学完了，给你留下印象最深的两个人，一个是——

生：司马光。

生：另一个是掉进水缸里的那个孩子。

师：作者在写这个故事的时候先写一群人，然后有重点地写那个登瓮的孩子；再写所有人，最后有重点地写司马光。所以，我们对"一儿"和司马光印象深刻，这样选择有代表性的人物来写，能够留给我们深刻的印象，值得我们学习。

点评：故事性是这篇文言文的特点。老师用想象、情境表演来丰富故事，让学生感受到文言文也是充满情趣的。

五、拓展阅读，在比较中再次感受文言文的特点

师：同学们，我们再来看看这幅图片，你想到了哪个故事？
生：《龟兔赛跑》。
师：对，就是这个故事——

森林里举行了一场赛跑，参赛队员是乌龟和兔子。随着号令枪的响起，兔子就像离弦之箭一般冲出去，而乌龟只能慢慢地一步步朝着终点卖力地爬着。

一会儿工夫，兔子已经将乌龟甩得没影了。兔子心想，这比赛也太没有悬念了吧。于是直接靠在边上的大树旁打起了瞌睡，很快兔子便进入了梦乡。而乌龟却在不断卖力地爬着，虽然速度很慢，但是一刻也没有停下。

兔子在睡梦中突然惊醒，感觉自己好像睡了很长的时间。往终点那儿一看，乌龟已经快要到达终点了，兔子连忙蹦起来，迈开腿向着终点冲去。但是已经晚了，乌龟还是先兔子一步到达终点。最终乌龟赢下了这一场看似不可能赢的比赛。

师：这个故事相信好多人都听过，这是它的现代文版，你们猜测一下，它的文言文版会有几行？
生：四五行吧。
生：两三行。
师：看，只有两行。文言文特别简短，这就是它的特点。（出示文言文版《龟兔竞走》。）

龟兔竞走

龟与兔竞走，兔行速，中道而眠；龟行迟，努力不息。及兔醒，则龟已先至矣。

师：同学们，时间过得飞快，转眼间就要下课了。这节课老师给大家留

的作业有：(1) 书写本课生字，背诵课文；(2) 对照阅读现代文和文言文版本的《龟兔竞走》。下课。

点评：适当的拓展阅读，再次让学生感受文言文简短的特点，同时也让学生了解到文言文不是呆板的"故纸堆"，它也会讲有趣的故事。

总　评

为更好地传承中国古典文化，统编教材增加了古诗文的数量，将文言文学习的年段提前了。三年级上册第八单元的《司马光》是统编教材中的第一篇文言文，而原人教版教材中将第一篇文言文《杨氏之子》安排在五年级上册。年段提前，学生的学习能力不同，相应的学习要求也有所不同。王林波老师执教的《司马光》关注到了学情，从兴趣入手，调动学生潜在的学习经验，在语言实践中让学生体会到了文言文的魅力。

一、兴趣——开启文言文学习的快乐之旅

1. 从故事入手，降低学习的心理难度

编者将《司马光》作为首篇文言文，源于学生对《司马光砸缸》这个故事十分熟悉。因为熟悉内容，所以当语言形式发生改变时，学生并不排斥。王老师显然是深谙编者意图的，他在呈现文言文后，立刻将故事的现代版本讲给学生听，让学生感受文言文版和现代文版的差异，发现同一个故事可以用不同的形式呈现，挺有意思的。学生带着已知的故事，走进文言文，原本"太深奥""有点儿听不懂"的内容，和自己的距离似乎近了些，从而愿意走进它。

2. 在丰满故事场景中激发兴趣

尽管是用文言写成的故事，也终究是故事。教学时，要将故事味还给故事。王老师熟知这一原则，他引导学生在想象中丰富故事。一个是还原"众皆弃去"的场景，先让学生想象如何"弃去"，再进行表演。还有一个是结合学生的生活，丰富"群儿戏于庭"的画面。两处教学让学生对故事有了生动的感知。更重要的是，学生从极精简的用字中读到了丰富的内容，进而对

文言文产生兴趣。

二、方法——奠定文言文学习的基石

1. 充分用好学生已有经验

文言文在教材中虽然是首次出现，但学生的学习并不是零起点。他们有古诗词学习的经历，有现代汉语语言学习的经验，这些经历和经验可以很好地迁移到文言文的学习中。

王老师让学生确定"足跌没水中"中"没"字的读音时，充分激活学生的语感，挖掘学生已知的据义定音的能力，运用好已掌握的方法。声断气不断是文言文朗读的一个要诀，这一点在古诗词的朗读过程中，学生是有体验的。王老师放手让学生自己读，为学生主动迁移创造了机会，一旦有个别孩子在朗读中揣摩到了方法，就顺势放大。用好学生的已有经验，实现正迁移，可以有效拉进学生与文言文的距离。

2. 教一点文言文的学习方法

文言文有其独有的语言特点，针对语言特点，我们有必要教给学生一点必备的学习方法。初始阶段，我们不应用繁杂的方法难倒学生，但可以通过一些手段，让学生对方法有一些感知。王老师在教学生理解文言文时，很巧妙地教给学生两种方法：第一，文言文中不少字的意思从古代到现代都没有变，这种字只需要将其组成合适的词就能理解；第二，有些特别的字，古文中常见，现代文中不常有的，可以结合语境来理解。如"光持石击瓮破之"中的"之"，想想击破的是什么，就知道"之"代表的是什么。这两种理解文言文的方法对初学者来说是很有必要的。王老师在简单的师生对话过程中，让学生掌握并运用方法，可谓高效！

点评：王露（正高级教师）
单位：江西省南昌市东湖区教研中心

有方法，理解更轻松
——《囊萤夜读》教学实录

一、导入激趣，指导生字

师：同学们，今天上课前我们先来猜一则谜语：白天草丛待，夜晚空中游；一盏小灯笼，挂在身后头。

生：我觉得是萤火虫，我看到"一盏小灯笼"就猜出来了。

师：萤火虫是一种昆虫，它经常待在草丛中，我们看这个"萤"字是——

生：草字头，下面是昆虫的虫。

（教师板书"萤"，学生齐读。）

师：关于萤火虫，还有这样一则谜语：小飞虫，尾巴明，夜黑闪闪像盏灯，古代有人曾借用，刻苦读书当明灯。谜语中说，古人曾在夜里借用它刻苦读书，大家知道这个古人是谁吗？

生：是车胤，我听过这个故事。

师：要把萤火虫聚集起来当一盏灯，要怎么做才行？

生：把好多萤火虫抓起来，装在一个袋子里。

师：大家预习了课文，如果用课文中的一个字表示，是什么？

生：囊。

师：这个字的笔画很多，看老师来写一写。（教师有意不把笔画写紧凑，让整个字变得很大。）你们觉得王老师这个字写得怎么样？

生：王老师写得挺工整的，每个部分都挺好的，但是这个字跟"萤"字比，显得太长了。

师：看来写这种笔画特别多的字时，要注意——

生：要注意每个部分都写得紧凑一些。

师：是啊，当我们把每个部分的笔画都写得紧凑一些时，整个字才不会显得那么大。来，看我来写。

（师板书范写"囊"，补充完成课题，学生齐读课题。）

师：请同学们在课题旁边，写一个相对紧凑的"囊"字。

点评：运用第一则谜语，猜出"萤火虫"，不仅是为了引出事物，激发兴趣，还借助谜面信息，促进对"萤"字形义的理解。从第一则谜语到第二则谜语，自自然然地引出了课文主人公车胤，同时联系课文学习了"囊"的意思，顺势指导练习将"囊"这一多笔画的字写"紧凑"。我特别欣赏王老师对学习资源的匠心运用，用谜语引出文中事物、人物，符合学生的兴趣，激活了学生的有意注意。两个谜语的使用，既有联系，又有层次，从谜语到课文，从认识事物到学习生字，水到渠成。

二、读通课文，整体感知

师：下面请同学们打开语文书，自由读课文，注意把课文读通顺，把字音读准确。

（生自由练读。）

师：这是一篇文言文，虽然很短，但是不好读，课文中的第一句，谁来读一读？

（课件出示：胤恭勤不倦，博学多通。）

生：胤恭 / 勤不倦，博学多通。

师：读文言文，这位同学注意了停顿，读出了节奏，值得表扬，我想问一下，你为什么这样停顿？

生： 我认为"胤恭"是一个人名，所以这样停顿的。

师： 有不同意见吗？

生： 不对，胤是一个人的名字，注释里面提到了《晋书·车胤传》，胤是车胤。我觉得应该这样读：胤/恭勤/不倦，博学多通。

师： 说得头头是道，有理有据，看来学习文言文，看什么很重要？

生： 看注释。

师： 刚才的这位同学，现在请你读，你怎么读？

生： 胤/恭勤/不倦，博学多通。

师： 看来，要读好文言文，一定要注意看注释，了解了意思，节奏就会把握得更好。下面这句话很长，还有个多音字——"盛"，它有两个读音，想一想，要把萤火虫装在袋子里，应该读什么？

生： 盛（chéng）。

师： 现在，谁来试着读一读这句话？

生： 夏月/则练囊/盛数十萤/火以照书，以夜继日/焉。

师： 有停顿挺好的，不过你的停顿给人的感觉是这本书要完了，火以照书，火都来了，这本书肯定被烧坏了。你能再试试吗？

生： 夏月/则练囊/盛数十萤火/以照书，以夜继日/焉。

师： 这次好多了，表扬你。读文言文不要太着急，稍微慢一点，有时候还可以把音稍微拖一点，这样就像读古文了。谁再来试一试？

（指名多人读，齐读。）

点评： 正确断句是准确理解文言词句的基础，所以王老师首先将"读通"做扎实。帮助学生将文言文读通的方法有很多，最简单的方法是教师范读，而王老师选择的是让学生尝试，自己发现该怎样断句。这样做，不仅是将学习的权利还给学生，还不着痕迹地引导学生将初步理解词句意思与发现如何断句联系起来，让学生学会的是可以迁移的方法。

三、运用方法，理解意思

师：同学们，这篇文言文看着很短，但意蕴却很深刻，我们必须理解意思，特别是重点字的意思。我们来看第一句话："胤恭勤不倦，博学多通。"哪个字的意思你不理解？

生：我不理解"恭"和"通"的意思。

生：我想知道"倦"和"勤"的意思。

师：同学们，学习文言文和古诗词我们都会遇到一些不理解的字，怎么才能理解呢？你有没有什么经验或者办法？

生：可以问别人，也可以看注释。

师：我们赶紧看看注释，有没有收获？

生："恭"是谦逊有礼，"通"是通晓、明白。

师：一看注释，这句话的意思我们就明白了，车胤这个人怎么样？

生：车胤这个人谦逊有礼，他勤奋不倦地读书，十分博学。

师：看注释这个方法真好。刚刚有同学问到了"倦"和"勤"的意思，不理解就要看注释，大家赶快在注释中找一找，说说你的收获。

生：我没有找到这两个字的注释，注释里就没有。

师：看注释这个方法虽然很好，但是有时候没有注释，那该怎么办呀？

生：可以给这个字组词。

师：你能不能试试看？

生："倦"可以组词"疲倦"，"勤"可以组词"勤奋"。所以，"倦"就是"疲倦"的意思，"勤"就是"勤奋"的意思。

师：这个方法太好了！原来我们还可以通过组词，也就是扩词的方法来理解字义。车胤非常勤奋，甚至不知道——

生：疲倦。

师：现在我们知道了，学习文言文，看注释、扩词都是很有效的理解字义的方法。我们试着用这些方法来理解课文中最长的句子，也就是第二句话的意思吧。这句话中有个"练囊"，是什么意思？

生：我在注释里发现了"练囊"这个词，它的意思是"白色薄绢做的口袋"。

师："家贫不常得油"的"贫"是什么意思？

生：贫穷。我一扩词就知道了。

师：他家很贫穷，不常有油。谁猜猜这个油是什么油？

生：煤油或者柴油。

生：不对，应该是清油，我在书上看到过清油灯。

师：车胤家贫，连晚上读书用的清油灯都用不起，所以他只能做一个白色的袋子装上萤火虫来读书。他装了多少只萤火虫呀？

生：几十只，课文中说了是"数十"。

师：对，数十只就是几十只，这样的光虽然微弱，但车胤看书却非常认真。我们看课文插图，瞧，他多认真啊，甚至不知疲倦。如果用这句话中的一个词来形容，那就是——

生：以夜继日。

师：现在，你就是车胤，都晚上十一点了，赶快睡吧，你睡不睡？

生：不睡。因为车胤读书是"以夜继日焉"。

师：时间过得飞快，已经到了凌晨一点了，你还在看书，别看了别看了，都这么晚了，你继续吗？

生：我肯定还要看，因为课文中说的是"以夜继日焉"。

师：三点了，所有人都睡觉了，这么晚了，真的挺累的，而且可能还有蚊子叮你呢，你就睡吧，睡吧！

生：不睡。

师：都凌晨五点了，可能这回真的有点累，上眼皮下眼皮打架，困死了，睡吧！

生：不睡，我还要读书呢。

师：现在大家明白什么是"以夜继日"了吧？

生：就是晚上接上了白天。

生：就是日夜不停。

生：就是说车胤非常勤奋，非常努力。

师：是啊，车胤真的是太勤奋了，课文第一句话就写——

生：胤恭勤不倦，博学多通。

师：作者开篇概括车胤的勤奋，后面借助事例写出了他的勤奋，这种方法非常好，值得我们学习。我们来读一读全文，感受一下这种写法。

（生齐读全文。）

点评：读懂简短文言文，学生已经积累了简单的经验和方法，教师只需要激活学生的经验，让学生积极运用方法，就能达到学习目的。王老师从询问学生"哪个字的意思你不理解"开始，引导学生自己运用方法，读懂意思。如果仅仅这么做，让学生互相询问，互相启发，互相讨论，也能达到读懂意思的目的。王老师更进一步，抓住"以夜继日"，和学生一起想象情境，既帮助学生感受到了车胤的勤奋好学，又对文本的理解更上一个台阶——感受了先概括、再借助事例表现人物的写法。

四、拓展阅读，巩固方法

师：在我国古代，像车胤这样勤奋的人可不止一个，你还知道谁？

生：匡衡，他凿壁借光来看书，很勤奋。

师：是的，匡衡非常勤奋，大家看，这个人就是匡衡（出示图片），匡衡是西汉的经学家，这就是凿壁借光的故事。

（课件出示《凿壁借光》的文言文版本及其注释。）

师：接下来，请同学们自己来读这个故事。要理解这个文言文故事，有两个方法特别重要，还记得吗？

生：可以看注释，也可以扩词理解有些字的意思。

师：好，我们现在自己默读古文，用这两种方法来试着理解这个文言文故事的大意。

（学生默读课文，思考意思。）

师：我们来交流一下，"逮""乃"分别是什么意思？

生："逮"就是"到，及"。不逮，就是烛光照不到。"乃"是"就"的意思。我们可以看注释。

生：看注释我还知道了"穿壁"的意思，"穿"是"凿"的意思，"穿壁"就是在墙上打洞。

师：看注释这个方法还真管用啊！这里有个"烛"字，是什么意思？

生：蜡烛。扩词后一下子就明白了。

师：邻居家有蜡烛，而他们家没有，所以他只能是"穿壁引其光"，其中这个"引"字是什么意思？

生：就是引入，引过来。也可以通过扩词的方法来理解。

师："以书映光而读之"中的"映"字是什么意思？

生：映照。

师：能想象那个动作吗？他读书的位置一定在哪儿？

生：墙角。

师：洞在哪里，光就在哪里，光在哪里，人就在哪里。匡衡只能靠在墙角，借着非常微弱的光来读书，很辛苦，但是他没有放弃。无论是匡衡，还是车胤，都值得我们学习。联系自己学习的情况，说说你的感受。

生：他们做得太好了！我一般学到晚上八点，把作业做完就睡觉了。这几天考试才熬到十一点，他们平时都是以夜继日的。

生：他们在没有光的艰苦条件下都要读书，我们现在更应该好好读书。

师：对，我们要像他们一样，平时也要勤奋学习。

点评：拓展阅读《凿壁借光》，让理解文言文的方法得到进一步巩固，也使得对人物品质的感悟更加深切。因为《凿壁借光》中的匡衡与《囊萤夜读》中的车胤一样，都具有刻苦学习的精神，是学生学习的榜样。这样的拓展，将对单元"人文主题"的领悟，很自然地与文本内容的理解、方法的习得等融为一体，充分发挥了文本多元的学习价值。

五、布置作业，拓展阅读

师：同学们，古时候有人囊萤夜读，有人凿壁借光，还有人是这样读书的——（出示《孙康映雪》《江泌映月》的图片），他们是怎样做的？

生：有人借着雪光读书，有人借着月光读书，都非常刻苦，这种精神都值得我们学习。

师：古人身上的这些美好品质是需要我们去传承的，我希望在座的每一位同学都能刻苦学习。今天留给大家的作业，一是希望大家把学到的文言文故事讲给好伙伴听一听，二是请大家读一读《孙康映雪》《江泌映月》的故事。

总 评

王林波老师的这节课，从环节上看，简简单单；从思路上看，清清爽爽；从效果上看，扎扎实实。大道至简，诚如斯也。

为什么王老师能和学生一起创造出这样一节简单、清爽、扎实的课呢？我想，有以下几个原因。

一、目标定位准确

这节课学习的是一篇简短的文言文。整个小学阶段，统编教材文言文的学习，有一个一以贯之的目标定位，那就是激发学生阅读文言文的兴趣。所以，教材中的文言文，几乎都是比较简短的故事性文本。怎样读这些故事，才能让学生始终对文言文阅读保持积极的兴趣呢？王老师这节课的教学有两点很突出：一是根据故事内容特点，巧妙运用谜语导入学习，从情感上拉近了学生与课文间的距离；二是抓住具体词句，如"以夜继日"，丰富故事情境，联结学生的生活体验。

二、方法习得扎实

学习掌握一些理解文言词句的基本方法，是小学阶段文言文学习的另一个重要目标。王老师深知，方法只有通过学生自己去主动发现，主动尝试，并能进行拓展运用，才能转化为运用的自觉和学习的能力。这节课中，无论是借助注释，还是利用组词法，学生都经历了真实的发现、运用和巩固的过程，既巩固了方法，又形成了能力。

三、学为中心突出

"学为中心"是保证学习有效性的关键。"囊"的书写要点，是学生自己观察对比和动笔练习掌握的；如何断句，是学生自己在试错的过程中相互启发而发现的；读懂每句话意思的方法，也是学生结合经验进行运用、巩固和迁移得来的……王老师时时处处避免"告诉"学生，让学生自己去思考，自己说出来。学为中心，更需要教师的精心设计和规划，尤其需要教师为了学生的学，合理地提供和组织学习资源。导入时的谜语，拓展的《凿壁借光》等故事，这些资源都有赖于教师根据学生学习的需要精心搜集和匠心组织。这节课正是因为王老师善于"让学"，善于利用学习资源，我们才看到了学习的真实发生。

点评：李竹平（全国著名特级教师）

单位：北京亦庄实验小学

辑三
寓言与童话教学

寓言故事，这样教更有效

寓言故事篇幅短小，很适合小学生阅读，同时，它又蕴含着深刻的道理，有着很高的育人价值，因此在小学阶段的教材中选入了为数不少的寓言故事。翻开统编教材，我们不仅能够读到《坐井观天》《亡羊补牢》《揠苗助长》等寓言故事，还会发现，除了这些散落在不同单元中的寓言故事外，三年级下册的第二单元还集中编写了一组寓言故事《守株待兔》《陶罐和铁罐》《鹿角和鹿腿》《池子与河流》。在这一组课文前面，编者明确指出了本单元的语文要素：读寓言故事，明白其中的道理。由此可见编者对寓言故事这类文体的重视。我们的教学自然应当识体而教，针对寓言故事"小故事，大道理"的特点，设计有针对性的教学环节，让学生在讲故事的过程中体悟其中蕴含的大道理，让寓言故事的教学风格更加鲜明。

一、运用多样的方法，讲好寓言故事

寓言这种文体外显的是故事，内隐的是道理，要想真正领悟其中蕴含的道理，必须反复读故事、讲故事。当故事读熟了，讲好了之后，道理就有可能浮现出来，这时候的领悟才可能是走心的。因此，教学寓言故事，我们必须引导学生多读故事，讲好故事，采用有效的策略，层层推进，帮助学生从读到讲，从会讲故事到讲好故事。

1. 紧扣重点段，指导学生读好故事

讲故事看似简单，其实对于三年级的小学生来说还是有一定难度的。毕竟，读故事只需要扫清阅读障碍，当然，如果能够加上自己的理解，读出感情就更好了；讲故事就不同了，这需要学生将课文中的文字内化为自己的语言，并且梳理出清晰的思路。可以说，读好故事绝对是讲好故事的前提。何捷老师深谙此理，因此他在执教《鹿角和鹿腿》这篇课文时紧扣故事的核心内容：小鹿心情变化的句子，指导学生朗读。当这三段话读好时，学生讲好这个故事也就不难了。

教学片段一

师：接下来请同学们齐读课后第一题——
生：朗读课文，注意读出鹿的心情变化。
师：我提示同学们，小鹿的心情变来变去，总共变了三次，快快地浏览课文，找到了就可以举手。
（学生默读课文，勾画句子。）
师：我们一起来读一读，看看大家的朗读水平到底怎么样？
（课件出示。）

鹿摆摆身子，水中的倒影也跟着摆动起来。他从来没有注意到自己是这么漂亮！他不着急离开了，对着池水欣赏自己的美丽："啊！我的身段多么匀称，我的角多么精美别致，好像两束美丽的珊瑚！"

师：把你自己当作小鹿，你的心情怎么样？大家能不能讲出十个词语？
（生依次说出高兴、愉悦、得意、惊讶、兴高采烈、开心、自豪、陶醉、兴奋、骄傲等词语。）
师：我积累的词语是欢喜，你们比我积累的词语好。接下来我来考考咱们班个人朗读的水平。
（老师请四位女生和三位男生上台朗读。）

师：这次男生少，女生多，但是我觉得女生必败！大家看，这只鹿是公的。这个男生，你读得自然点就能赢！

（男女生分别读，都读得不错。）

师：大家读得很好，不过，我要你们像鹿一样读。这时候鹿是不是很欢喜？可是周围有人吗？鹿在对谁说话？对自己，怎么对自己说？要压在心里读，感情很深很深，但要藏得很密很密。压在心里读，不能喷薄出来！

（学生再次朗读，读得很好。老师留下男女生各一人，由他俩带领全班同学读。）

师：大家掌握了方法，第二处、第三处一定也能读好，谁来试试。（出示课件。）

（1）一阵清风吹过，池水泛起了层层波纹。鹿忽然看到了自己的腿，不禁噘起了嘴，皱起了眉头："唉，这四条腿太细了，怎么配得上这两只美丽的角呢！"

（2）鹿跑到一条小溪边，停下脚步，一边喘气，一边休息。他叹了口气，说："两只美丽的角差点儿送了我的命，可四条难看的腿却让我狮口逃生！"

（多位同学分别朗读这两段话，读得很好。）

朗读课文并不是我们提出"有感情地朗读"这一要求学生就能读好的。朗读也需要教师的指导。我们看到何老师首先聚焦第一处描写小鹿心情的段落，在此处下功夫进行指导，教给学生朗读方法，而后两处则放手让学生运用掌握的朗读方法来读，这样的设计符合学生的认知特点，因此取得了不错的指导效果。细读第一处朗读指导的过程，我们可以看到何老师的指导一点儿也不生硬，完全建立在学生已有的认知基础之上，充分调动了学生的积极性。何老师请学生把自己当作小鹿，说出可以用哪些词语形容自己当时的心情，引导学生奠定情感基调；接着引导学生转换身份，不要把自己当作人，而要当鹿，一只独处溪边的鹿，既兴奋又要对情感有所压抑地读。这样层层推进，学生自然就越读越好了。在整个朗读指导的过程中，我们可以看到，何老师做得更多的是启发，是引导，他充分调动了学生的积极性，就连示范朗读的也不是老师，而是班里的学生，这样就让学生的主体性得到了最大限度的发挥。

2. 借助关键词，指导学生讲好故事

从读故事到讲故事，对学生来讲是一个质的飞跃，有一定的难度。不过这节课上，何老师却"明知山有虎，偏向虎山行"，不仅要学生讲故事，而且选择了班里最不会讲故事的学生上台讲故事。这是一件很冒险的事情，以常规思维来想，这个学生应该讲不好故事，但课堂上这位同学不仅讲好了故事，而且重塑了自信，这样的教学尝试是非常有益的，也是值得称道的。

教学片段二

师：这个故事叫《鹿角和鹿腿》，大故事中间还嵌套着一个小故事，中间谁来了？下面同桌合作讲一讲，只说鹿由喜欢角到厌恶角之间发生的故事。

（学生同桌之间练习讲故事，教师巡视指导。）

师：能讲故事的都起立，这样吧，讲过故事的都起立。现在我想请会讲的都坐下，请班长帮我从刚才坐着的不大会讲故事的同学中间挑一个来讲故事。

（一个男生被挑中。）

师：你是不是不大会讲故事？今天你觉得自己会不会创造奇迹？

生：不会。

师：我给你三个帮助，第一个是我可以帮助你，你觉得自己有没有增加一点儿信心？

生：没有。

师：第二个帮助，你可以找一个特别会讲故事的同学帮助你，现在有没有信心？

生：有。

师：第三个帮助，我会提供一些关键词给你，有没有信心？

生：有。

（出示关键词：逼近、奔跑、挂角、挣脱，同时配乐，教师引导学生讲故事，该生在老师和同学们的帮助下讲完了故事。）

师：真不错，你还可以讲得更好。想想看，一般得挣脱三次，第一次挣脱了没有？

生：没有。

师：只落下了几片树叶。那第二次、第三次呢？

（该生补充，故事讲得更生动了。）

师：接下来我要请几位高手来讲故事，我随机递话筒，你们要像同一个人讲故事一样，怎么样？

（老师请六位同学上台，出示关键词：原先、突然、后来，引导学生根据关键词来完整地讲故事。）

对于三年级的孩子来说，要完整地讲好故事还是有一定难度的。于是，何老师化整为零，化难为易，先请学生讲最核心的部分：狮子出现的部分。当学生突破这一难点、讲好这一部分时，再请学生完整地讲故事，将前面已经读熟了的小鹿心情变化的部分连起来讲，这样从易到难，层层推进，学生的讲述自然会水到渠成。何老师教学生讲故事，能够教给学生极具操作性的方法：运用关键词，以此为支撑，帮助学生理顺思路，这样讲出来的故事自然会条理清楚。不仅如此，何老师还让学生想象鹿三次从树枝中挣脱鹿角的情景，引导他们运用不同的词语进行表述，这样一来，故事就讲得更加生动有趣了。

二、关注文体的特点，领悟寓言的寓意

著名儿童文学家严文井说，寓言是一个魔袋，袋子很小，却能从里面取出很多东西来……的确如此，寓言故事虽然一般比较短小，但背后往往蕴藏着深刻的道理。教学寓言故事，我们必须带领学生透过故事本身，挖掘出深藏其中的道理来。教学《鹿角与鹿腿》一课，何老师层层深入，引导学生不仅领悟到了其中的道理，而且还引导学生发现了寓言故事蕴含寓意的基本特点。这样的

教学是非常有效的，是值得我们深入学习的。

1. 引发深度思考，让寓意领悟更深刻

学习寓言故事，领悟其中蕴含的道理是极为重要的教学目标。这一目标很重要，因此，我们就更应该引导学生深入思考，深刻领悟，绝不能停留在文字的表层意思上，要及时联结学生的生活经验，总结提升出能够帮助到学生成长的属于他们自己的道理来。何老师在教学中调动学生的已有经验，鼓励他们深度思考，甚至进行思辨，让语文课成为了真正有深度的思维训练场。

教学片段三

师：美丽的角差点儿送了我的命，可四条难看的腿却让我狮口逃生！这个道理我们已经找到了，现在可以下课了吗？为什么？

生：不能，因为这个道理是关于鹿的，我们不是鹿。

师：我们跟鹿一样吗？现在说说看，你明白了什么道理？

（老师请十几位同学站在过道中间，以"我明白了……"开头说说自己明白的道理，要求：一定要注意听前面同学说的话，一旦跟他的相同，就立马回座位。万一他跟你的一样了，也别着急，努力想出一个不一样的。）

生：美丽的东西不一定有用，难看的东西可能还会给你帮上大忙。

师：讲得真好。

生：有些漂亮的东西不实惠，有些难看的东西很实惠，买东西的时候可以选不是很好看，但是很实惠的。

（十几位同学依次说出自己明白的道理，教师及时点评。）

师：是啊，不管谁，读任何东西，只要有一点点收获，就没有白读。

教学片段四

师：我们看课后题中的两种说法，你赞成哪一种？说说你的理由。（出示课件。）

A. 美丽的鹿角无关紧要，实用的鹿腿才是重要的。

B. 鹿角和鹿腿都很重要，它们各有各的长处。

生1：我选B。因为鹿角和鹿腿都能帮到自己。

生2：我也觉得是第二个。我听过一句话：尺有所短，寸有所长。

生3：刚刚逃离狮口的时候，A是对的；当鹿长大求婚的时候，B就是对的。

师：原来随着成长变化，选择是不一样的。那么，到底什么才是真理？小鹿为什么变来变去？（出示课件。）

丛林中，住着一只漂亮的鹿。

有一天，鹿口渴了，找到一个池塘，痛痛快快地喝起水来。池水清清的，像一面镜子。鹿忽然发现了自己倒映在水中的影子："咦，这是我吗？"

（学生读，思考。）

师：小鹿最大的问题是什么？

生：小鹿没有清楚认识自己。

师：是啊，苏格拉底说过一句名言："世界上最难的事，认识你自己。"这才是今天你要领会的道理，最根本的道理，一起读。

寓言所蕴含的道理只有与学生的生活经验相融合，才是鲜活的、积极有效的、有实用价值的，否则，那只能是冰冷的文字、枯燥的符号。教学寓言故事，我们一定要在学生的已有认知与寓言所蕴含的道理之间架一座桥，让两者相融合，产生化学反应，从而产生正能量。何老师在学生找出文中的道理后，就引导学生联系自己的生活经验来谈体会，这就为道理注入了生命，让冰冷的文字有了温度。我们看到，学生的表达的确很鲜活，与生活的结合是非常密切的。

我们知道，不同的读者产生的阅读感受是不同的，何老师引导学生进行思辨，让学生从多方面进行思考。当学生谈到"刚刚逃离狮口的时候，A是对的；当鹿长大求婚的时候，B就是对的"时，我们不由得想拍手称快，这样的思考是有深度的。在此基础上，何老师再次请学生细读文本，关注细节："咦，这是我吗?"从而让学生明白鹿最大的问题是没有清楚地认识自己。

2. 关注文体特点，让语文学习有深度

寓言之"寓"为"寄托"，往往把作者的思想寄寓在一个故事里，让人从中领悟到一定的道理。这个"道理"很调皮，有时会将自己藏匿起来，寓于故事之中，需要读者在读中思考，在思考中有所领悟；有时也会"暴露身份"，出现在故事中，不过"现身"的时机把握得非常好，绝不会早早出现。何老师紧扣寓言故事这类文体的特征，引导学生深入学习，教学环节设计极为巧妙。

教学片段五

师：这节课我们做两件事：一个是阅读，一个是发现。发现什么？

生：发现其中的道理。

（课件出示："寓"是"寄托"的意思，即把道理寄托、隐匿在故事里。）

师：这则寓言特别调皮，把道理藏在了故事里。如果说这是一个游戏，有点像我们玩的什么游戏？

生：捉迷藏。

师：请各位同学打开课本，一边听课文的录音，一边用手指着书跟着读。听完、读完后，勾画出整个故事中最能体现道理的句子。

（学生听录音跟读，勾画句子。）

师：你找到的是哪一句？

生：最后一句：两只美丽的角差点儿送了我的命，可四条难看的腿却让我狮口逃生！

师：为什么这个道理不藏在开头？

生1：一开始讲道理就显得没意思了。

生2：可能是想让我们猜一下是什么道理，所以放在最后讲出。

师：那为什么道理不放在中间呢？

生1：因为放在中间就要讲两个故事了。

生2：道理都讲出来了，你还往后写什么呀！

师：我们一起读一读这个道理。

生：美丽的角差点儿送了我的命，可四条难看的腿却让我狮口逃生！

　　吴忠豪教授说，我们要完成从教课文到教语文的完美转身。的确，作为语文教师，我们不能就课文内容教理解，必须从内容走向形式。就这一篇课文而言，我们必须在学生读懂内容、领会寓意的基础上，引导学生发现表达的秘密：作者是如何写出道理的，道理出示的时机是怎样的？何老师引导学生思考：道理为什么不放在开头，也不放在中间，而要放在结尾处，这样就让学生的思考更加深入了，让语文教学从对内容的理解走向了对表达形式的探究，让语文课更有语文味儿了！

落实语言运用，凸显文体特征
——《揠苗助长》教学实录

一、温故寓言特点，导入新课

师：今天上课之前，王老师先带同学们看一幅图片，看到这幅图片，你想到了我们学过的哪个寓言故事？

生：《亡羊补牢》。

师：谁能用两三句话告诉大家这个寓言故事讲述了一个什么样的故事？

生：有一天，一个放羊的人放羊时发现羊少了一只，原来是狼夜里叼走了羊。邻居劝他赶紧把窟窿堵上，他没有听。第二天又少了一只，他赶紧把那个窟窿堵上了。第三天就没有再丢一只羊。

师：故事讲得很清楚，有没有谁的语言更简洁点儿的？

生：一个养羊人发现羊少了一只，原来羊圈破了个窟窿，狼把羊叼走了，他一开始没有听邻居的劝告，结果又丢了羊。直到堵上了窟窿，羊才不丢了。

师：语言简洁多了！这个寓言故事告诉我们一个什么道理？

生：不能自以为是。

生：做事不能拖延。

生：有了错误要及时改正。

师：《亡羊补牢》不仅让我们了解了一个故事，还让我们懂得了一个道理，这就是寓言，通过一个短小的故事，告诉我们一个道理。

点评：上课伊始，王老师借助图片，引导学生温习《亡羊补牢》这则寓言故事，联结学生已有的阅读体验，开启了对寓言这种文体的再认知，起到了"温故而知新"的效果。

师：这节课我们还将学习一则寓言，看老师写课题，（板书：揠）第一个字特别难写，笔画很多，谁来猜猜怎么读？

生：揠（yà）。

师：你是怎么知道它读"yà"的？

生：我看到书上的拼音了。

生：我经常读寓言故事，读着读着就会了。

师：我要表扬这位同学，你经常读寓言故事，爱读书是好习惯。今天我们学习的也是寓言故事，待会儿大家有不懂的问题，找你帮忙好不好？

（生点头。）

师：（补齐课题）猜一猜揠苗助长是在干什么？

生：一个人把他的秧苗往上拔。

师：你们有没有在生活中听到过另外一个词，也是四个字的，跟揠苗助长意思完全一样？

生：拔苗助长。

师：很多人都听过，其实拔苗助长就是——

生：（齐）揠苗助长。

师：揠苗助长就是——

生：（齐）拔苗助长。

师：我们再来看看这幅图，你看到了什么？

生：这个农夫把禾苗不停地往高里拔，来帮禾苗长高。

师：看来，猜一猜、联系生活实际和看图片都可以帮助我们理解词语的意思。

点评：字词教学是低年级的重点。猜测验证、联系生活、借助图片都能充分激发学生对字词的认知，加深理解。"揠苗助长"这一课题、词语的理解正是此意。

二、学习生字词语，讲清故事

师：接下来请同学们自由读课文，注意把词语读准确，句子读通顺。

（学生自由读课文。）

师：很多同学都读得非常认真，相信大家一定把字音读准了，接下来王老师就要考考大家了，我的考法很特别。注意听：这篇课文中出现了一个成语，意思是说自己跟自己讲话，你们猜猜是哪个成语？

生：自言自语。

师：我们请一位同学自言自语一下，咱们看他理解了没有。

生：我今天吃什么呀？嗯，吃西红柿炒鸡蛋吧！

师：对，就这样自己跟自己讲话。谁再来试试？

生：种什么呢？算了算了，还是种草莓种子吧！

师：非常好。还有一个成语形容的是一点儿力气都没有了，是——

生：筋疲力尽。

师："筋疲"这两个字都是本课要学习的生字，笔画较多，不太好写，谁来说说要注意什么？

生："筋"的上边是竹字头，占的位置要少，下面的"月"和"力"都有撇，写的时候要注意保持平行。

生："疲"是半包围结构，也有两个撇，要注意保持平行。

师：说得真好，大家拿出笔，跟老师一起写一写这两个字吧。

（学生书写。）

师：同学们，谁累得筋疲力尽过？那个时候你说话的声音是大还是小？

生：小。

师：筋疲力尽时，这句话你会怎么读？

（课件出示：今天可把我累坏了！）

生：（有气无力地）今天可把我累坏了！

师：理解了词语，读得就是好！

点评：词语是建构句子、段落乃至篇章的基础。词语的积累和运用是学生语言发展的关键。词语积累与生活运用发生联系，才会大大增加其有效性。该环节运用说意思猜词语、表演、朗读等方法把理解与运用进行了有机整合，唤醒了学生的生活体验和运用意识，变消极积累为积极积累。

师：刚才大家读了课文，谁来说说课文有几个自然段？

生：四个。

师：下面我来说要求，看谁能猜到我要让你们读的是哪个自然段？其中有一段讲了这个人想要让自己的禾苗长高，也就是写种田人想法的是哪一个自然段？

生：第一自然段。"古时候有个人，他巴望自己田里的禾苗长得快些，天天到田边去看。可是，一天，两天，三天，禾苗好像一点儿也没有长高。他在田边焦急地转来转去，自言自语地说：'我得想个办法帮它们长。'"

师：读得很流畅，这个人最想干的是什么事？

生：他想让禾苗快点长高。

师：课文哪一段讲的是揠苗助长的结果？

生：第四段。"他的儿子不明白是怎么回事，第二天跑到田里看，禾苗都枯死了。"

师：认真倾听的孩子一定知道结果是什么了，谁能告诉大家？

生：结果他的禾苗都枯死了。

师：哪一自然段说的是这个人做的哪一件事情？谁读给大家听。

生：第二自然段。"一天，他终于想出了办法，就急忙跑到田里，把禾苗一棵一棵往高里拔。从中午一直忙到太阳落山，弄得筋疲力尽。"

师：谁听出来了，他做的事情是什么？

生：把禾苗往高里拔。

师：还有哪一个自然段讲的是他回到家，给他的家人说的话？

生：第三自然段。"他回到家里，一边喘气一边说：'今天可把我累坏了！力气总算没白费，禾苗都长高了一大截。'"

师：禾苗都怎么样了？

生：长高了一大截。

师：请同学们看着黑板，谁能把上面的这些话连起来，用一句话讲一讲这个故事？

生：一个人想让自己的禾苗长高，于是就往高里拔，忙了一天，拔了一大截子，结果禾苗都枯死了。

师：很不错，还有谁来试试？

生：一个人想让他的禾苗长高，于是就往高里拔了一大截子，最终禾苗都枯死了。

师：语言特别简洁，值得表扬。

点评：梳理故事脉络是读懂故事的重要前提。该环节以教师口述段意引领学生找到相应段落的形式，帮助学生理清故事框架，符合低年级学生的特点，为后面读懂故事、领会寓意打下基础。

三、借助语言实践，读懂寓言

师：种田人的禾苗最后全都枯死了，这跟他的心态有关。大家读一读第一自然段，谁能找出写种田人心急的句子？

生：他在田边焦急地转来转去，自言自语地说："我得想个办法帮它们长。"

师：这里边有一个词：焦急。看到"焦急"，谁能想到一个和它意思差不多的词语？

生：着急。

生：急忙。

师：很好，不过着急、急忙和焦急还不太一样，大家看"焦"字底下是四个点，知道表示什么吗？

生：表示火。

师：底下是火在烤，急不急？对，这可不是一般的急！我请一位同学再来读这句话，看看能不能读出焦急的心情。

生：他在田边焦急地转来转去，自言自语地说："我得想个办法帮它们长。"

师：把掌声送给他，我发现这个同学的进步特别大，比第一次读得好太多了。我再请一位同学。

生：（不紧不慢地读）他在田边焦急地转来转去，自言自语地说："我得想个办法帮它们长。"

师：你平常是不是一个慢性子？

（生点头。）

师：没写完作业的时候，急不急？考试快结束了，试卷没答完，急不急？就是那种感觉，再来试着读一读？

生：他在田边焦急地转来转去，自言自语地说："我得想个办法帮它们长。"

师：这次读得好多了，我还想请两位同学上来表演一下这个焦急。不过有要求，一个人表演一般的转来转去，另一个同学表演焦急的转来转去。

（两个学生表演，形成鲜明的对比。）

师：焦急的转来转去表演得太形象了，不过是无声的表演，如果加上刚才这句话的朗读就更好了！

（学生一边表演一边读句子。）

师：多着急呀，演得好，读得也好。这个人如此着急是因为他到田边一看，禾苗没有长，第二天一看，还没有长高，第三天一看，依旧没有长高。同学们，你们是懂科学知识的，站在科学的角度看，三天过去了，你认为禾苗有没有长高？

生：我觉得禾苗长高了，只是长高了一点点，几乎看不出来。

师：对，禾苗在慢慢地长，这是它的生长规律。禾苗生长是有规律的，它在慢慢长，而这个人特别着急，想让禾苗快速长高。谁能想到一个成语来形容这个人的心理？

生：急于求成。

师：急于求成的他来到田里干了一件事，赶快读一读第二自然段吧。看看他做了什么？

生：他把禾苗往高里拔，拔高了一大截。

师：这个人把禾苗使劲往高里拔，而且还拔高了一大截。用你知道的科学知识来推测一下，最终的结果会怎样？

生：有可能把根拔断了，禾苗会死的。

生：有可能把茎拔断了，禾苗会枯死的。

师：科学推理是这样的，那么结果到底是不是这样呢？谁来读一读最后一个自然段？

（学生读课文的最后一个自然段。）

师：这个种田人以为自己帮禾苗长高了，结果儿子去田里一看，禾苗全都枯死了。如果你是这个儿子，这时你会跟父亲怎么讲？

生：父亲，禾苗都枯死了！怎么回事啊？

生：父亲父亲！你说禾苗长了一大截，怎么今天全都枯死啦？

师：大家想想看，这个父亲相信不相信？

生：不相信。

师：这个种田人得知禾苗全都枯死了的消息以后，他会怎么样地跑到田里去？看到禾苗全都枯死了，他又会说些什么呢？同桌相互说一说。

（同桌互相练说，然后分享。）

生：他焦急地跑到田边一看，禾苗都枯死了，疑惑不解地说："昨天我还把禾苗拔高了一大截，今天怎么就枯死了呢？"

师：他不知道咋回事，深感疑惑。

生：他着急地跑到田边，看到禾苗全都枯死了，心疼地说："我昨天都累得筋疲力尽了，可今天禾苗怎么都枯死了？"

师：我知道你心疼的是什么，不是禾苗都枯死了，是自己的力气都白费了。

生：他着急地跑到田边，看到禾苗全都枯死了，后悔地说："我这个老王呀！为什么要把禾苗全都害死呢？"

生：他着急地跑到田边，看到禾苗全都枯死了，后悔地说："昨天的力气都白费了，还不如不拔，让它们自己长呢！"

师：如果真这样就好了。

生：他飞快地跑到田里，惊讶地说："昨天才把禾苗拔高的，今天怎么都枯死了？"

师："惊讶"用得非常好，因为完全出乎了他的意料。

生：他风驰电掣地跑到田边，看到禾苗都枯死了，后悔地说："昨天我不应该拔它，应该让它们自己长。"

师：这个种田人特别想让禾苗长高，结果却都枯死了，谁能想到一个成语？

生：适得其反。

师：同学们，学习寓言故事还要懂得其中蕴含的道理，看着板书，谁来尝试着告诉大家这个寓言告诉我们的道理？

生：什么事都有规律，如果你急于求成，就会得到不好的结果。

生：不能违反事物的规律，急于求成往往适得其反。

点评：此环节抓住"焦急"一词引导学生体会种田人急于求成的心理，经历了四个步骤：一是辨析"焦急"与"着急"，二是抓住"焦"的字形体会，三是联系学生学习生活中的考试场景体会，四是现场表演，词语理解与人物形象把握相互交融，相得益彰。话锋一转，以"禾苗有没有长高"为话题引出植物生长的自然规律，从而使学生感悟到种田人急于求成的心理。最后，变化角色，引导学生以种田人的身份想象说话，增强了学生的内心体验，寓意也就自然而然地走进了学生的心里，流淌于学生的齿间。

四、了解文体特点，拓展阅读

师：这节课我们读了故事，并且通过这个故事懂得了一个道理，这就是寓言故事。寓言故事就是要通过一个故事来告诉我们一个道理。同学们，今天我们学习的寓言故事跟前面学过的课文《沙滩上的童话》《枫树上的喜鹊》相比，你发现了什么？

生：寓言故事比较短。

师：是呀，故事短小，却蕴含着深刻的道理，这就是寓言故事。同学们，这篇课文下面还有注释，发现了吗？

生：本文根据《孟子·公孙丑上》相关内容改写。

师：现代文的寓言故事都这么短，古文版的《揠苗助长》你猜猜有几行？

生：五行。

生：六行。

生：八行。

师：咱们来看一下。（屏显古文版。）

揠苗助长

宋人有闵其苗之不长而揠之者，芒芒然归，谓其人曰："今日病矣，予助苗长矣！"

其子趋而往视之，苗则槁矣。

（生惊叹其短小。）

师：这就是寓言故事，现代文版的短，古文版的更短。古文版的不好读，也不好理解，王老师读给大家听一听。

（教师朗读，学生听。）

师：我们来猜一下，"苗则槁矣"的"槁"字是什么意思？

生：枯死了。

师：再猜一个，"今日病矣"，难道他那天病了吗？谁猜猜"病"的意思？

生：筋疲力尽。

师：我国古代有非常多的寓言故事，咱们看图猜猜它们是哪些寓言故事？

（教师出示图片，学生依次猜出《画蛇添足》《对牛弹琴》《杯弓蛇影》等寓言故事。）

师：看来大家知道的寓言故事还不少呢！下面我推荐大家读一本书《中国寓言故事》，这里面有很多寓言故事，希望同学们读一读这本书，同时想想生活中有没有跟揠苗助长类似的事，相互交流一下。

点评：比较是发展学生逻辑思维能力的重要方法。此处引导学生将寓言故事与童话故事进行比较，发现了寓言故事篇幅短小、寓意深刻的特点，渗透了文体意识。拓展阅读小古文《揠苗助长》，在古文与课文之间进行对比阅读，词义印证，有效地激发了学生学习传统文化、阅读寓言故事的兴趣。

总 评

我国著名儿童文学家严文井说："寓言是一个魔袋，袋子很小，却能从里面取出很多东西来，甚至能取出比袋子大得多的东西。寓言是一个怪物，当它朝你走过来的时候，分明是一个故事，生动活泼；而当它转身要走开的时候，却突然变成了一个哲理，严肃认真。寓言是一座奇特的桥梁，通过它，可以从复杂走向简单，又可以从单纯走向丰富。在这座桥梁上来回走几遍，我们既看到五光十色的生活现象，又发现了生活的内在意义。寓言是一把钥匙，这把钥匙可以打开心灵之门，启发智慧，让思想活跃。"寓言作为儿童文学的一种形式，已经成为小学语文教材的重要组成部分。优秀的寓言选文是学生提升想象力、提高语文素养的载体。如何引导学生学好寓言呢？

讲好故事是基础。低年级学生喜欢读故事，听故事，讲故事，我们要抓住学生的这一特点，引导学生讲好寓言故事，积累语言。《揠苗助长》这节课，王老师通过"写种田人想法的是哪一个自然段""哪一段讲的是揠苗助长的结果""他做的事情是什么"层层设问，引导学生理清故事的发展脉络，用简练的语言讲清寓言故事，贴合学生学习故事的心理需求，但要求略微超标。低年级讲故事的重点应该在于把故事讲清楚，不在于语言是否简洁、具有概括性。

理解寓意重体验。学习寓言最难的就是寓意的突破。理解寓意只有与学生生活产生联系才会有深刻的体验。这节课，教师抓住"焦急"这一中心词，反复体会种田人的焦急心情，联系科学常识，对比拔苗行为，感受种田人急于求成的心理。然后，通过角色扮演，以种田人"看到禾苗都枯死了，他又会说些什么"为话题想象说话，在角色体验中使学生对寓意的把握不仅仅停留在表面，也有了更深层的理解。

学习语言是关键。语文是一门学习语言文字运用的学科。任何文本的学习都要重视语言的积累与运用，寓言也不例外。本节课，教师借助寓言故事的形象性，创设语言表达情境，引导学生进行了大量的语言实践。无论是学生理解"焦急"的含义，观察"焦"字的写法，还是角色体验、想象说话，都是帮助学生进行有效积累和表达、提升语言品质的好策略。

注重文化理解与传承。寓言作为一种独特的文学体裁，是中外文化中极具智慧的经典文体，投射了不同地域、不同民族的文化。让学生在学习寓言的过程中感受文化的独特魅力，对提升学生的核心素养有着非常重要的作用。我们要注重运用寓言引导学生对不同文化进行理解，传承并弘扬我国优秀的传统文化。课堂结尾，王老师将小古文《揠苗助长》作为拓展阅读，就有效地激发了学生学习传统文化的兴趣，在学生心中种下了一颗热爱传统经典的种子。

点评：宋道晔（特级教师、正高级教师）
单位：山东省青岛市李沧区教育研究发展中心

关注对话，学习表达
——《狐狸分奶酪》教学实录

一、导入新课，借助图片识字、写字

师：同学们，上课前我们先来玩一个看图猜故事的游戏。来，我们看第一幅图，这是哪个故事？

生：《狐狸和乌鸦》。

师：故事中狐狸最想干的事情是什么？

生：骗走乌鸦嘴里的那片肉。

师：我们再来看看第二幅图片，这是哪个故事？

生：《狐假虎威》。

师：故事中的狐狸在做什么？

生：狐狸借老虎的威风来吓唬其他小动物。

师：这两个故事中有一个共同的主人公——

生：狐狸。

师：（出示：狐狸）谁来读一读它的名字？

生：狐狸。

师："狸"字单独读的时候是第二声，但在"狐狸"这个词中，它读轻声，大家读得很好。看老师写"狐狸"这两个字。狐狸是一种动物，所以是反犬旁。如果让你用一个词语来形容狐狸，你会怎样说？

生：狡猾的狐狸。

生：奸诈的狐狸。

生：爱骗人的狐狸。

点评："故事中狐狸最想干的事情是什么？"这个问题问得聪明！利用儿童耳熟能详的寓言故事精巧地导入，符合低年级儿童的认知特点，能够唤起学生学习的热情。这样设问不仅能够引导学生初步感知故事主人公的形象，为理解课文内容做好铺垫，还扎扎实实地进行了字词的教学，可谓一举两得。

师：我们继续看图片，这是——

生：牛奶。

师：再来看这个，你们一定也喝过。

生：酸奶。

师：一起读一读这两个词语。

生：牛奶、酸奶。

师：牛奶、酸奶都可以喝，接下来还有一样，它也是奶制品，但是不能喝，不过可以吃，味道还很不错呢。来，看一看吧！

生：奶酪。

师：同学们，这三个词语中都有本课的一个生字"奶"，看看它的偏旁，左边是什么？

生：女字旁。

师：女字旁和"女"的写法可不一样，我要写了，谁来提醒一下我？

生：横不要出头。

生：女字旁要比"女"字写得瘦一点儿。

师：请大家看我来写，先写撇点，再写撇，下一笔横发生了变化，写的时候要往上提，但不能出头。右边先写横折折折钩，最后写撇。来，拿出手跟老师一起来写。

（学生练习书写"奶"字。）

辑三　寓言与童话教学

师：王老师在"狐狸"和"奶酪"中间写一个字"分"字，题目写完整了，谁来读一读课题？

生：狐狸分奶酪。

师：根据你自己对狐狸的了解，大家大胆预测一下，狐狸帮别人分奶酪，结果会怎样？

生：它肯定把奶酪分没了。

生：就像骗乌鸦的肉一样，它会把奶酪骗过来。

点评：《义务教育语文课程标准（2011年版）》中提到："识字、写字是阅读和写作的基础，是第一学段的教学重点，也是贯穿整个义务教育阶段的重要教学内容。"王老师紧扣课标要求，把握住了教学重点，扎扎实实地分步处理生字，不但关注了字义讲解，还指导了生字的书写。"大家大胆预测一下，狐狸帮别人分奶酪，结果会怎样？"这样的设计，引发了学生的阅读兴趣。

二、讲清故事，联系生活读好句子

师：大家的预测对不对呢？我们来读读课文吧。现在请同学们打开课本，认真读一读这篇文章，注意把字音读准确，把句子读通顺。

（学生自由读课文，教师巡视了解学情。）

师：同学们，刚才我们推测狐狸帮别人分奶酪，分着分着就分没了，是这样吗？

生：是。

师：你们的预测非常准！课文中的生字读得准不准呢？我们来试试看。（出示词语。）

生：捡到、帮助、不匀、瞧了瞧。

师：表扬这位同学，读音准确，很好。我们继续看下一组词语。

生：咬着咬着、整块、没剩下、公平。

师：真不错。咱们一起来读一读这些词语。

（生齐读两组词语。）

师：谁能看着小熊、奶酪、狐狸的图片，用上刚才的两组词语，试着简单讲一讲这个故事？

生：熊哥哥和熊弟弟在路上捡到了一块奶酪，高兴极了！可是不知道该怎么分这块奶酪，小哥俩开始拌起嘴来。这时候，有只狐狸跑过来说："小家伙们，你们吵什么呀？""我们有块奶酪不知道该怎么分？""这事好办，我来帮你们吧！"

师：稍等，稍等。这位同学对课文内容非常熟悉，可见预习得非常充分，不过讲主要内容语言要尽可能的简洁，我们重新开始，好吗？

生：小熊兄弟捡到了一块奶酪，可是不知道该怎么分，这时候狐狸来帮忙，结果咬着咬着，整块奶酪都被他吃光了。

点评：低年级的孩子还没有概括课文主要内容的能力，往往会根据记忆详细复述课文的细节，王老师要求他用上刚刚学过的词语尽可能"简洁"地讲。老师提出了明确的要求，学生理解到位，表达清楚明白。

师：真好，语言一下子就变得简洁了！这篇课文中有一个句子比较长，不好读，谁来试试？

生：可是，他们不知道怎么分这块奶酪，小哥俩开始拌起嘴来。

师：字音准确，不错。这句话中有一个词语：小哥俩，联系上下文，你觉得这小哥俩指的是谁跟谁？

生：熊哥哥和熊弟弟。

师：熊哥哥和熊弟弟可以称为"小哥俩"，一起读这个字——

生：俩。

师：去掉单人旁，读作——

生：两。

师：大家看这幅图，图上是熊哥哥和熊弟弟，我们可以说是小哥俩，如果用上"两"，还可以怎么说？

生：两只小熊。

师：真好，一起读——

生：两只小熊、小哥俩。

师：看看这幅图，我们可以怎么说？

生：姐妹俩。

师：这幅图呢？

生：姐弟俩。

师：再看这幅图是——

生：母女俩。

师：如果是爸爸和女儿，怎么说？

生：父女俩。

师：真好！这句话中说小哥俩"拌起嘴来"，知道什么是拌嘴吗？生活中你见过谁跟谁拌过嘴？

生：我妈和我爸拌过嘴。

师：当时爸爸是怎么说的？

生：爸爸说妈妈老是花钱。

师：只有一个人说话还算不上拌嘴，当时妈妈怎么说的？

生：我没买多少东西呀！

师：爸爸妈妈你一句我一句的就叫拌嘴，谁继续说。

生：我见过哥哥和姐姐拌嘴，哥哥说："这个皮球是我的！"（语气加重。）

师：这就是很有气势的拌嘴。当时姐姐怎么说的？

生：姐姐说："这个是我的，不是你的！"

师：听听，你一句我一句，意见不统一，这就是拌嘴。我们看这一句，小熊兄弟俩捡到了奶酪不知道该怎么分，于是他俩拌起嘴来，肯定也是你一句我一句。我请两位同学，一位是熊哥哥，一位是熊弟弟，咱们听听他俩是怎样拌嘴的。

生1：我应该吃一大块！

生2：我才应该吃一大块。

生1：我小，哥哥应该让着弟弟。

生2：我大，饭量大，我应该吃一大块！

生1：我应该吃大的，不然我告诉妈妈！

生2：我吃大的！

师：他俩这哪是拌嘴呀，这是马上要打起来的感觉呀！

（生笑。）

点评：借助图片，辨析"俩"和"两"的不同，王老师给学生设置具体语境，引导学生学会运用这两个字；联系生活场景，创设"拌嘴"的情境，引导学生"拌嘴"，这还是在运用。因为联结了生活，创设了情境，做好了铺垫，学生的表达是丰富的，也是轻松的。

三、关注对话，创编故事落实语用

师：同学们，大家可能误会狐狸了，刚刚大家都说狐狸很狡猾，可是我在读课文时发现狐狸特别好。你看，当小熊哥俩不知道该怎么分奶酪时，狐狸主动上前去帮忙，说的是"小家伙们，你们吵什么呀？"叫得多么亲切呀！而且还说："我来帮你们分吧！"看到这个"帮"字，我就想到了热心肠。哪位同学能告诉大家，生活中谁帮助过你？

生：李一航帮助过我，上次我骑自行车不小心摔倒了，他帮我扶起了自行车，还安慰我。

生：我同桌帮助过我，上次有一道题不会做，他帮我解决了难题。

生：我妈妈经常帮我拿书包。

师：帮助过我们的这些人是好人还是坏人？

生：好人。

点评：又是一次联系学生生活经历的对话。"帮助"在这里不仅仅是一个词语，它的内涵关乎学生的生命经历和体验，是有生命活力的语文学科习策略。

师：课文中的狐狸也要帮助别人，多好的狐狸呀！谁同意王老师的想法？

生：狐狸不好，他是想吃掉奶酪。

生：他表面看是要帮助别人，背地里是想吃奶酪。

师：你怎么知道的？

生：课文中说他笑了笑。

师：难道不能笑吗？我刚才也笑了笑。

生：那不一样，你是微笑，狐狸是坏笑。

生：是诡异的笑。

师：我请一位同学来读读，还可以加上语气词"嘿嘿嘿"等，试试看。

生：狐狸诡异地笑了笑："嘿嘿嘿，这事好办，我来帮你们分吧！"

点评："请一位同学来读读，还可以加上语气词'嘿嘿嘿'等"，这是一个多么灵活的教学实践！第一学段的学生思维活跃，想象力丰富，但是他们的生活经验和阅读能力有限，允许学生自主添加提示语及拟声词，就给他们搭建了一个读懂人物语言的梯子。这样"关注对话"，着实是一个好的教学策略。

师：注意注意，往这里看，他的动作非常重要。他笑的时候手插着腰，感觉心里早都有数了。这只狐狸表面很好，实际上总想干坏事，我们大胆地预测一下，狐狸分的会是刚刚好一样大的两半吗？

生：不会！

师：为什么？

生：如果分匀了，他就没有机会吃了。

师：狐狸把奶酪分好了，分得到底怎么样呢？我们来继续看课文，你找到答案了吗？

生："你分得不匀！"小哥俩嚷着说："那半块大一点儿。"

师：看来的确分得不匀。想要读好这句话，有一个字非常关键。

生：嚷。

师：你们猜这个字和什么有关？

生：和嘴巴有关。

师：一般的字只有一个口，这个字可厉害了，有几个口？

生：三个。

师：你想想，"嚷"字有三个口，读的时候声音得怎么样？

生：大一些。

师：你们听，这段话王老师读得怎么样？（教师有意放低声音，小声读）这算不算嚷？

生：不算。

师：那怎样才算嚷呢？谁来读一读。

生："你分得不匀！"小哥儿俩嚷着说，"那半块大一点儿。"

师：有点嚷的感觉了，你再来读！

生："你分得不匀！"小哥儿俩嚷着说，"那半块大一点儿。"

点评：王老师抓住一个"嚷"字，帮助学生读好对话，设计巧妙，教得有趣。老师有意小声读，请学生判断算不算"嚷"，从而读出"嚷"的感觉，充分调动了学生的积极性。

师：看把他急成什么样了，他嚷的时候脖子还往前伸了伸，真好！我们总觉得狐狸爱骗人，爱干坏事，可狡猾了。但是，当小熊哥俩因为奶酪分得不匀而着急时，狐狸说"你们别急！"这不是挺关心小熊的吗？大家看王老师写这个"急"字，注意先写刀字头，中间的部分先写横折，再写两横，注意要分得匀一点。最后写心字底，注意三个点的位置。这个字读作"急"。我问问你们，在生活中什么时候别人会安慰你说别急？

生：忘带作业本了，同桌安慰我说"别急"。

生： 我回答不上来问题，老师安慰我说"别急，再想想"。

生： 我写作业的时候，突然停电了，很着急，爸爸妈妈安慰我说："别急，等会儿电就来了。"

师： 安慰你的这些人都是好人吧？狐狸也安慰别人说："你们别急！"也很善良啊，对吧？

生： 不对，他是想吃掉小熊兄弟的奶酪。

师： 这只狐狸不仅会安慰别人，还很细心。你们看，这段话中说"狐狸仔细瞧了瞧掰开的奶酪"。"仔细"的"仔"是本课要学习的一个生字，先写单人旁，再写横钩，接下来这一笔特别重要，弯钩弯回来时要和上边看齐了再出钩，横一定要写在这个地方，不能太靠上，否则就勒脖子了。你们也来试着写一写这个"仔"字吧。

（学生练习书写。）

师： 狐狸一边劝小熊兄弟别急，一边看，还那么仔细，我觉得他挺好的呀！

生： 他只是假装仔细，心里其实想的是吃奶酪。

师： 哦，原来狐狸表面看上去很热心，很仔细，其实是为了吃掉奶酪。于是狐狸又在大的半块奶酪上咬了一口。第一次他没有分好，一块大一块小，这次他仔细地看了，应该分得刚刚好了吧？

生： 没有。

师： 你怎么知道的？

生： 课文中写道："可是现在没咬过的那半块又大了一点儿！"两只小熊又嚷了起来。

师： 要读好这句话，有一个字一定要关注，哪个字？

生： 嚷。

（多位同学朗读句子，教师相机评价指导。）

点评："嚷"字是本课的生字，在这里又一次提醒学生关注这个字，用朗读的方式，加深了对字义的理解。

师：同学们，这只狐狸可真狡猾，每次吃奶酪都会找一个看起来像是做好事的借口。现在两块奶酪又不一样大了，他肯定又要咬一口了，他这次又会怎么说呢？大家可以参考他前边说过的话来思考。

（出示：狐狸说："＿＿＿＿＿＿＿＿"于是就在那半块上咬了一口。）

（学生独立思考后同桌交流。）

师：来，分享一下你的思考。

生1：狐狸说："真的真的，看来我上次又没有把握好。"于是就在那半块上咬了一口。

生2：狐狸说："抱歉抱歉，看来我的水平还不够高，下次我一定会注意的。"于是就在那半块上咬了一口。

师：看到奶酪没有分好，小熊兄弟一定又会嚷起来，这次他们会怎么嚷呢？我们可以参考一下前两次他们说的话，谁来试试？

生：你是怎么分的，怎么老是分不匀？

生：狐狸狐狸，你到底会不会分呀？怎么一点都不匀！

师：真好，我请你们三个到前面来，把刚才狐狸和小熊兄弟说的话表演出来，好吗？

（学生上台表演狐狸和小熊兄弟的对话。）

师：同学们，我们看这个词：咬着咬着，"咬"是本课的生字，看老师写——先写"口"字，写在左边靠上的位置，右边的"交"字注意最后的撇和捺都要弯一些，由重到轻来写。自己试着写一写吧。

（学生练习书写，教师巡视指导，表扬书写规范的同学。）

点评：王老师把学生带入了故事的情境，学生仿佛就在故事发生的现场，参与了故事情节的发展，此时，学生就是小熊兄弟，就是狡猾的狐狸，因为进入了角色，此时学生的表达就是自己的思考和判断，是生命的语文，是语文的生命。

四、布置作业，设置阅读期待

师：同学们写得真不错。我们一起再来读一读这个词"咬着咬着"。

（教师出示逐渐变小的"咬着咬着"，学生的声音随着字形也逐渐越来越小。）

师：这块奶酪原来比较大，咬着咬着，咬着咬着，咬着咬着，咬着咬着，到最后没有了。狐狸又会怎么说呢？我们下节课继续学习。最后，留给同学们两个作业：（1）识记本课的生字，书写"奶、急"等生字；（2）分角色朗读课文，并把这个故事讲给爸爸妈妈听一听。

总　评

《义务教育语文课程标准（2011年版）》指出：语文课程是一门学习语言文字运用的综合性、实践性课程，仅在前言和课程性质部分，就六次提到了"语言文字运用"。它还指出：识字、写字是阅读和写作的基础，是第一学段的教学重点，也是贯穿整个义务教育阶段的重要教学内容。如何在第一学段既完成识字、写字，又关注阅读理解、学习表达呢？王林波老师做出了有益的探索和精彩的示范。

王老师将本课的主旨确定为"关注对话，学习表达"，可以说是抓住了"学习语言文字运用"的"牛鼻子"，教学策略呈三段式递进：一是联系生活经历，唤起生命体验；二是揣摩人物心理，读好人物对话；三是想象人物对话，自由表达。

一、联系生活经历，唤起生命体验

王荣生教授在《阅读教学教什么》中明确指出：小学低段的阅读教学，是在具体语境中认字，课文是语境，识字是目的。如何让学生走进语境，理解课文要表达的内容呢？一方面取决于学生的阅读能力，另一方面取决于学生的生活经验。王老师在这节课里，时时把教学内容与学生的生活经验联系起来，识字、写字教学与阅读理解浑然天成。

理解"拌嘴""帮"等词语时,王老师问:"知道什么是拌嘴吗?生活中你见过谁跟谁拌过嘴?""哪位同学能告诉大家,生活中谁帮助过你?"这样的引导,把学生带到了生活之中,唤起学生的生活经验。再走进故事,学生对小熊兄弟的"拌嘴",狐狸的"帮助"就有了更深入的理解。

二、揣摩人物心理,读好人物对话

王崧舟教授指出:朗读教学的最终目的和最高境界乃是让学生成为真正的、审美的朗读主体——朗读者。朗读基于人,朗读通过人,朗读为了人。因此,朗读教学不是为了教朗读,而是通过朗读教人。朗读将无声的文字变成有声的语言,这个转变的过程不是机械的声音呈现,而是对文字语言的再发现、再理解、再创造。这节课,王林波老师紧紧把握了朗读教学的根本,引导学生揣摩人物心理,利用适当的提示词读出对话语气。比如,他请一位同学来读,并且可以加上拟声词"嘿嘿嘿"等,这样学生就真正成为了朗读主体,这时读出的就是自己对人物的独特理解。

三、想象人物对话,自由表达

"现在两块奶酪又不一样大了,他肯定又要咬一口了,他这次又会怎么说呢?大家可以参考他前边说过的话来思考。"这是让二年级的小学生想象人物的语言内容,本来是很有难度的要求,但是因为有了前边充分的铺垫,学生表达得特别贴切。语文学习就是要学习语言的运用,王老师巧设情境,层层铺垫,引导到位,带给了我们不少启示。

点评:宁锋(特级教师、正高级教师)
单位:辽宁省抚顺市教师进修学院附属小学

发现表达秘妙，讲好童话故事
——《青蛙卖泥塘》教学实录

一、动画引入，学习"吆喝"

1. 借助动画，理解"吆喝"

师：同学们，上课前王老师先请同学们看一段动画短片，好吗？
（教师播放动画短片，学生兴致勃勃地观看，情绪高涨。）
师：短片看完了，谁来说说短片中的那个人在干什么呢？
生：在卖东西。
师：非常好！她说是在卖东西，你还可以怎么说？
生：他在吆喝。
师：我们一起来读这个词：吆喝。
生：吆喝。
师：这个人吆喝时的声音是大还是小？
生：大。
师：原来呀，吆喝就是大声地喊叫或者叫卖，动画片中的这个人在卖什么？
生：卖烧烤。

2. 观察比较，辨析"买、卖"

师：这里有两个字特别像，其中一个就是卖，你们猜一猜是哪一个？

生：上边带"十"字的是卖，卖完东西就有钱了，所以上面是个"十"，也像个加号。

师：你的识字方法很有意思，不错！咱们把这个"卖"字放到词语中读一读。

生：卖泥塘。

师：放到句子中，谁再来读？

生：卖泥塘喽，卖泥塘！

师：读得不错，谁能吆喝一下，回想下动画片中的那个人是怎么吆喝的？

生：（吆喝）卖泥塘喽，卖泥塘！

生：（大声）卖泥塘喽，卖泥塘！

师：你们读得都很好，有吆喝的感觉！来，看老师把"卖"字写出来。（教师板书"卖"。）

3. 借用图片，写好"蛙"字

师：同学们，我们再来看一张图片，图片中藏着一只可爱的小动物，你发现了吗？

生：青蛙。

师：青蛙的颜色是绿色的，青蛙的名字中有一个字就表示它的颜色，是哪个字？

生：青。

师：青的意思就是——

生：绿。

师：青蛙喜欢吃——

生：害虫。

师：到了冬天，青蛙会在土地里的洞穴中睡大觉，这叫——

生：冬眠。

师：看老师写，这个"青"字就表示青蛙的颜色，青蛙最喜欢吃害虫，所以"蛙"字的左边是个虫字旁。到了冬天，它就在土地里的洞穴中睡大觉（教师板书：蛙）。我们一起来读课题——

生：青蛙卖泥塘。

点评：小学低年段的开课环节，教师一般会注意激发学生的阅读兴趣或学习兴趣，这个目标是比较集中的。王老师这堂课的开课，用时不长，却颇有意味，实现了多项教学目标。该课讲的是一只小青蛙卖泥塘的事，文中的"吆喝""卖"等词语学生接触不多，通过短片导入，学生体验吆喝叫卖，词语理解的难题迎刃而解。通过借助图片、生字辨析等方法，教师还指导学生写了课题中的两个生字"蛙""卖"，教学密度大，学生学得还轻松。

二、初读课文，整体感知

1. 读准字音，积累词语

师：请同学们打开课本，我们来读一读这个故事，注意把字音读准，把句子读通顺。

（学生自由读课文。）

师：同学们都读得特别认真，这三个词会读吗？

生：水坑坑、挺舒服、绿茵茵。

师：大家发现了吗，前两个词语的最后一个字都读的是——

生：轻声。

师：你再读一遍，注意前两个词语的最后一个字要读轻声。

生：水坑坑、挺舒服、绿茵茵。

师：真不错。第二组词语谁来读？

生：采集、播撒、草籽。

师：这组词语很有意思，我读采集，你可以搭配后面的——

生：草籽。

师：很好！就这样，再来一遍。采集——

生：草籽。

师：我读播撒，你还可以搭配——

生：草籽。

师：采集——

生：草籽。

师：播撒——

生：草籽。

师：我们继续看第三组词语，谁来读？

生：栽了树、种了花、修了路、盖了房。

师：真好！"了"字读得又轻又短，值得表扬，我们再来读一遍。

生：栽了树、种了花、修了路、盖了房。

师：真好！大家看，如果是这组词语，你能不能也加上"了"字来表达？

（出示：撒种、长草、破竹、灌水。）

生：撒了种、长了草、破了竹、灌了水。

师：很好！咱们一起读这两行词语，注意中间的"了"字要读得又轻又短！

生：（齐读）栽了树、种了花、修了路、盖了房、撒了种、长了草、破了竹、灌了水。

2. 整体感知，了解大意

师：同学们的词语读得很好。刚才大家都读了课文，课文中出现了许多小动物，你留意到了哪种小动物？

生：蝴蝶、小兔、野鸭。

生：小鸟、老牛，还有小猴、小狐狸。

师：青蛙卖泥塘，这些小动物都来过，但是——

生：他们都没有买泥塘。

师：于是，青蛙做了很多的改变，最后他发现，这里变得很漂亮，青蛙——

生：不卖泥塘了。

师：谁能连起来说一说？

生：青蛙卖泥塘，小鸟、老牛、蝴蝶、小兔、野鸭等小动物都来了，但都没有买，还提了意见。后来，青蛙做了很多的改变，泥塘变成了好地方，他决定不卖泥塘了。

点评：初读环节，王老师在学生自主朗读的基础上做了两件事情：一是检测、指导了三组词语的认读，二是引导学生讲了讲课文的主要内容。后一个目标的完成，尤其扎实，而且符合学生的年龄特点。教师巧妙地运用了师生接话的方式，其实是填空说大意，如"青蛙卖泥塘，_____等小动物都来过，但是_____，于是青蛙做了很多的改变，最后他发现_____，他决定_____"。王老师没有常规性地出示填空的样式，而是通过师生接话引导学生练习说故事大意，训练目标明确，方法适宜。

三、聚焦表达，梳理顺序

1. 指导朗读，读好故事

师：同学们，我们先来看一看老牛的这部分，谁来读给大家听？

（一生读。）

师："卖泥塘喽，卖泥塘！"这句话你读得很流畅，但好像缺少了点吆喝的感觉，想想我们刚刚上课时看的那个动画短片，动画片中那个人的吆喝是什么样的，你再读一定会读得更好！

（该生再读。）

师：对了，有吆喝的感觉了，不过这里是"大声吆喝"，你再来试试看！

（该生读后，请多位学生再读。）

师：青蛙在吆喝，这时候来了一头老牛（课件展示老牛的图片），你们有没有见过老牛？它走路是什么样子？

生：老牛走起路来慢腾腾的。

师：谁来模仿一下？

（生模拟老牛走路的样子。）

师：它走路慢腾腾的，说话会是什么样子？

生：也是慢悠悠的。

师：谁来试着读读老牛说的这句话？

生：这个水坑坑嘛，在里边打打滚倒挺舒服。不过，要是周围有些草就更好了。

师：老牛和青蛙说话的语气完全不一样，读得真好！我们分角色来读一读这段对话。

（学生分角色朗读。）

师：读得真好，吆喝得很到位，值得表扬！

2.品析用词，尝试表达

师：同学们，我们再仔细看这段话，这头老牛是走过来的，当它不想买泥塘要离开时，作者用到的词是——

生：走。

师：很好，老牛不想买泥塘，走了。课文中出现了那么多小动物，大家想想看，如果是野鸭、蝴蝶、小兔、小猴、小狐狸，他们会怎么过来？不想买的时候又会怎样离开呢？谁来试着说一说？

生：一只小猴走过来，看了看泥塘。小猴不想买泥塘，就顺着原路一蹦一跳地走了。

生：一只野鸭飞过来，看了看泥塘。野鸭不想买泥塘，飞走了。

师：小猴一蹦一跳，野鸭飞走了，这很符合他们的特点。

生：一只蝴蝶飞过来，看了看泥塘。小蝴蝶不想买泥塘，又飞回到花丛中去了。

生：一只小兔蹦蹦跳跳地跳过来，看了看泥塘。小兔不想买泥塘，又蹦蹦跳跳地走了。

师：真好！同学们说得都很符合动物们的特点，值得表扬！

点评：《义务教育语文课程标准（2011年版）》指出，"语文课程是实践性课程，应着重培养学生的语文实践能力，而培养这种能力的主要途径也应是语文实践"。这课的课后题有"分角色演一演这个故事"的要求，王老师着眼本课是一个有趣的童话故事的特点，紧扣课后题要求，抓住课文中的空白处（课文只详细写了老牛、野鸭想买泥塘提出建议的过程，简略地写小鸟、蝴蝶、小兔、小猴、小狐狸来看泥塘提出建议的经过，因此，小鸟、蝴蝶、小兔、小猴、小狐狸与青蛙的对话就成了可供补充的空白处），引导学生进行说话练习。这样的学习活动设计，引发了学生浓厚的体验兴趣，真正将学习目标指向语文学科的要求。

3.理清顺序，感悟写法

师：同学们，这只青蛙很善于思考，老牛不买它的泥塘，于是他就根据老牛的意见来改进。我们合作着读一读这段话。青蛙想——

生：要是在泥塘周围种些草，就能卖出去了。

师：于是——

生：他就去采集草籽，播撒在泥塘周围的地上。

师：作者写青蛙和老牛的这部分很有顺序，作者先写——

生：青蛙的吆喝。

师：接着写谁来了，并且还——

生：说了一段话。

师：后来，他不想买泥塘，离开了。这时候，青蛙——

生：开始想办法，然后去做。

师：同学们，大家读过很多童话故事，可能已经发现了，童话故事有一个共同的特点：情节是往复的，作者这样写老牛和青蛙之间发生的故事，你们来推测一下，野鸭来了，作者也一定会先写——

生：小青蛙吆喝。

师：接着呢？

生：接着肯定还要让野鸭说话，但是他不买泥塘，离开了。

师：最后呢？

生：小青蛙先想，然后再做。

师：你们猜的到底对不对呢？来，我们看一看这一部分。青蛙又站在牌子旁边，大声吆喝起来——

生：卖泥塘喽，卖泥塘！

师：一只野鸭飞来了，看了看泥塘，说——

生：这地方好是好，就是塘里的水太少了。

师：野鸭没有买泥塘，飞走了。青蛙想——

生：要是能往泥塘里引些水，就能卖出去了。

师：于是——

生：他跑到周围的山里找到泉水，又砍了些竹子，把竹子破开，一根一根接起来，把水引到泥塘里来。

四、编好故事，讲好故事

师：课文中写道：小鸟飞来说，这里缺点儿树；蝴蝶飞来说，这里缺点儿花；小兔跑来说，这里还缺条路；小猴跑来说，这儿应该盖所房子；小狐狸说……它们都没有买泥塘。这部分的故事不具体，我们试着展开想象，编一编故事。大家想想看，小鸟飞来了，接着会有怎样的故事情节出现？

生：青蛙会大声吆喝，小鸟会说话，但是不买泥塘，离开了。

生：青蛙会想办法，根据小鸟的建议去做。

师：顺序有了，哪几位同学来试试，老师帮你们串联情节。

生：青蛙站在牌子旁边大声吆喝起来："卖泥塘喽，卖泥塘！"

师：一只小鸟飞来了，说——

生：这里好是好，就是缺点儿树，如果有树的话我就可以在这里休息了。于是它没有买泥塘，飞走了。

师：青蛙想——

生：要是我多种几棵树，那就可以卖出去了。于是他收集了一些种树的种子，开始种起树来。

师：这两位同学真了不起，故事编得好，讲得也很好。下面我们请四位同学按照故事的情节，来合作着练习讲一讲。

生：青蛙站在泥塘边大声吆喝起来："卖泥塘喽，卖泥塘！"

生：小鸟飞来了，说："这里好是好，就是缺了点儿树。有树的话，我就可以在这里休息和唱歌呢！"小鸟没有买泥塘，飞走了。

生：青蛙想：要是我多种几棵树，就可以把泥塘卖出去了。

生：于是，青蛙收集了一些树种，开始种起树来。

师：这四位同学给大家做了很好的示范。接下来，我们从蝴蝶、小兔、小猴、小狐狸中选一个角色，四人小组合作着编故事，按照刚才这几位同学的方法来做，开始吧！

（学生小组合作编故事，教师巡视指导。）

师：好多小组都已经做好了准备，哪个组先来讲一讲你们编的故事？

（生纷纷踊跃举手。）

师：注意了，故事不光有内容，你们的表达也特别重要，讲得好，才更吸引人。开始吧！

生：青蛙站在牌子旁边吆喝："卖泥塘喽，卖泥塘！走过路过不要错过，卖泥塘喽！"

生：小蝴蝶飞来了说："这里好是好，就是缺点儿花。要是有了花儿就更好了，我就可以在这儿采蜜，载歌载舞了。"小蝴蝶不想买泥塘，飞走了。

生：青蛙找出了朋友送他的花种，播撒在泥塘旁边的空地上。

生：于是，到了春天，泥塘周围的空地上长出了五颜六色的花。

师：真不错！你们组的故事条理清楚，配合默契，讲得很好，值得表扬！我们继续分享自己编的故事，如果能带上动作，那就更好了！哪一组来试试？

生：（一边做动作一边说）青蛙又站在牌子旁边，大声吆喝起来："卖泥塘喽，卖泥塘！"

生：狐狸走来了说："这里是不是卖泥塘呢？我看看这儿既有树，又有泥，还有水，挺好的，就是缺了点儿食物。"小狐狸没有买泥塘，跑回了家。

生：青蛙想：如果准备一些食物，那就更好卖出去了。

生：（一边做动作一边说）于是，青蛙去旁边的果园摘了一些水果，又去买了一些蔬菜摆在了四周。

师：好！感谢你们四位，真好，我们把掌声送给他们。最终，青蛙的泥塘会不会卖出去呢？我们下节课再学习。最后，王老师留给同学们两个作业：（1）请同学们把你们编的故事讲给爸爸妈妈听一听；（2）请大家写一写我们今天学到的生字。今天的这节课就上到这里，下课。

点评：一位好教师总能帮助学生不断进步，王老师正是如此。从开始的个别学生试着讲故事，到后面的每位同学练习讲故事，教师解决了一个全员学习的问题；接着，从四人小组按照故事情节接龙讲故事，到加上动作绘声绘色表演故事，教师又解决了一个讲故事而不是讲事情的问题。我们欣喜地看见学生在40分钟的课堂里学习是慢慢发生的。对于大班化教学的现状，针对年纪小、学习能力参差不齐的小学生，教师的"慢教育"更显智慧。

点评：徐承芸（全国著名特级教师）
单位：江西省教育厅教研室

虫我合一，入情入境的课堂更好玩
——《我是一只小虫子》教学实录

一、趣味导入，换个视角看世界

师：同学们，我们先来看几张图片，这是什么呢？

（依次出示草丛、水坑、沙子、树叶等图片。）

师：刚刚我们用自己的视角看到了草丛、水坑等，如果换一种视角看，我们不再是人类，而是一只小虫子，你看到了什么？（再次出示草丛图片。）

生：茂密的丛林，有好多好多棵大树。

师：真好，草丛变成了大森林，看来这只虫子很小啊。我们再找一位同学。注意看（出示水坑图片），在人类看来，这是一个很浅的水坑，但你现在是一只特别小的虫子，在你眼中这是什么？

生：一片大海。

师：一眼都——

生：望不到边。

师：这片海可真够大的。我们继续看（出示沙坑图片），这是——

生：一个干旱的沙漠，走不到头。

生：我看到的是撒哈拉大沙漠，而且是两个连在一起的。

师：可真大啊！再来看一个（出示树叶图片），你又看到了什么？

生：一个超级大的游乐场。

生：一个超级大的面包，都够我吃一两年呢。

师：看来，小虫子的世界还挺有意思的，今天我们就来学习课文《我是一只小虫子》。

点评：导入极有魔法效应。简单的几幅图片，置换一下角色，人类变成小虫子，小世界就变成了大世界。这里不需要戏装、道具、布景……把那些"多余的东西"统统抛开，每个小朋友只需在大脑里装一个"转换器"，世界就可以自由伸缩，这个游戏多有意思呀！现在，课题可以改成——"我们都是一只小虫子"。那好，奇妙的虫世界之旅开始了。

二、看图猜字，归类识记

师：请同学们打开课文读一读，注意把字音读准确。想一想，哪几个自然段说当小虫子不太好，哪几段说当小虫子还挺好的。

（生读课文。）

师：我们先来看图猜字，这可是本课中的一个生字哦。（出示"尿"的象形字。）

生：尿。这个特别像，一看就知道了。

师：组一个词，会吗？

生：一泡尿。

师：我们继续来猜生字。（出示"屎"的象形字。）

生：屎。

师：对不对呢？我们一起来看一看。（出示"屎"的简化字。）

生：对了。

师：有一种小动物的名字就带有这个字，知道吗？

生：屎壳郎。（"郎"读成了轻声，师引导纠正。）

师：在这篇课文中，像这样"尸字头"的字其实还有一个。

生：屁。

师：这三个字都带有"尸字头"，大家仔细观察一下，怎样才能写好

辑三　寓言与童话教学　｜　135

"尸字头"呢？

生："尸字头"上面不要太宽，写得扁一些，竖撇要先竖再撇，撇要注意出锋。

师：说得真好，请大家拿出铅笔，在书上把这三个字每个写一遍。

（学生练习书写，教师巡视、指导、点评。）

师：同学们，这篇文章中还有很多词语，我们继续认读。

生：毛茸茸、昏头昏脑、蹦蹦跳跳、摇摇晃晃。

师：字音读得挺准确的，不过你们在读"蹦蹦跳跳"的时候，完全是慢动作，蹦——蹦——跳——跳——，蹦跳过吗？想想那种感觉是什么样的。请一位同学来读，不拖音。

生：蹦蹦跳跳。（生读的速度明显加快。）

师：对，这次读得真好！像这样的词语还有很多，谁来说一个？

生：平平安安。

生：干干净净。

生：快快乐乐。

生：红红火火。

点评：字词教学有节奏。由象形字"尿"引出"屎"和"屁"，归类识写尸字头的字。三个字打包教学效果好，一是字形结构有规律，二是"屎、尿、屁"是儿童最熟悉甚至热衷的生理话题，猜得起劲，记得牢固。叠词部分，节奏加快了。"蹦蹦跳跳"的朗读指导中渗透词义理解，对这样 AABB 式的词语，学生脑中有模糊的库存，需要在合适的时机被调用，使之清晰。此时正是好时机，兄弟词汇聚到一起，并响亮地读出来，明晰了类的意义。

三、引导想象，指导朗读

1. 读"虫之恼"

师：刚刚大家读了课文，认识了课文中的这只小虫子，它特别可爱，非常有趣。同学们有没有一种感觉，读到课文中某些段落的时候，就想偷偷地笑，实在太好玩了。（生赞同。）

师：读到哪一句，你觉得太好玩了，差点儿笑出声来？

生：我们蹦蹦跳跳的时候，一定要看准地方，不然屁股会被苍耳刺痛的。

师：为什么读到这里就想笑？

生：你想啊，愉快地蹦了起来，多开心啊，结果落下去的表情就变了，疼得大喊大叫。

师：确实很好玩，刚刚这位同学提到了两种表情。谁能展示给大家看看？（请一生起立）一开始你要蹦，好开心啊！大家看他的表情。结果落下来的时候屁股被苍耳刺痛了，什么表情？（一生表演，众生大笑。）

师：看到了吧，一开始这只小虫子高兴得比起了剪刀手，又唱又跳的，结果——

生：疼得大叫起来，嘴巴张得大大的。

师：我发现了，读这个句子是可以听到声音的，你听到了几种声音？

生：两种声音，一开始是"哇——"，好开心，后来是"嗷——"，疼死我了。

师：我请一位同学再读读这个句子，我们想象那种情景，太有意思了。

生：我们蹦蹦跳跳的时候，一定要看准地方，不然屁股会被苍耳刺痛的。

师：这位男同学，我问问你，有没有打过针？（生点头）医生拿着针，"噌——"的一声，当时你什么感觉？

生：疼，特别疼。我有一次打屁股针的时候，一下子扎进去，我"啊——"的一声，然后走路就一瘸一拐了。

师：我都可以想象，这只可爱的小虫子，原来是多么欢悦地在玩儿，后来被苍耳刺痛之后，回家就这样子。（师模仿一瘸一拐地走）这个句子，咱们一起来读一读。（生齐读。）

师：被刺痛了之后肯定会想说课文第一段中的哪一句话？

生：当一只小虫子，一点儿都不好。

师：想想看，你刚刚被苍耳刺着了，一瘸一拐地，和刚才欢悦的情景完全不同，再读读这句话。

生：我的伙伴们都说，当一只小虫子，一点儿都不好。

师：读得不错，但还不够，你想想它当时的表情，再试试。（生声情并茂地再读）我特别想送他一张纸巾，擦擦眼泪。谁再来读一读？（另一生捂屁股读。）

师：这篇文章就是这么好玩，其实课文中我还读到一个特别有意思的地方。你看，所有小朋友都特别喜欢毛茸茸的小鸟，觉得它好可爱，但是小虫子没有谁喜欢，知道为什么吗？

（生纷纷举手。）

师：嘘！不要说给我，我希望读给我听，前面加上"因为"，直接把你的理由读出来。

生：孩子们都觉得毛茸茸的小鸟很可爱，但我们小虫子没有谁会喜欢小鸟，因为它会把我们当成美味的午餐。

生：孩子们都觉得毛茸茸的小鸟很可爱，但我们小虫子没有谁会喜欢小鸟，因为它会把我们全部吃掉。

师：太惨了，全军覆没了。

生：孩子们都觉得毛茸茸的小鸟很可爱，但我们小虫子没有谁会喜欢小鸟，因为喜欢小鸟的话，很可能会被关进它的肚子里，再也出不来了。

师：关到肚子里，就是从此失去了自由，失去了生命，所以，这时我们又想说那句话，当一只小虫子——

生：（齐）一点儿都不好。

师：其实在这段话中，还有一句很有意思，甚至有些尴尬——

生：我知道，是这一句：一不留神，我们会蹦进很深很深的水里，被淹得昏头昏脑。其实，那深水只是小狗撒的一泡尿。

生：我也觉得是这一句话。这句话读到一半的时候，还觉得不是特别好玩，掉深水里就掉深水里吧，结果读完了句子才发现，自己掉进的深水是一泡尿。太尴尬了。

师：是啊，太惨了，不光会被淹到，还会被臭到，想自救，还上不来，因为——

生：因为对于小虫子来说，这是很深很深的水，不被淹死，也会被臭死。

师：我想问问你，这个时候能喊救命吗？

生：不能。因为一张嘴，尿都灌进嘴里了。

师：太尴尬了。谁再来读读这个句子？

（一生读。）

师：这只小虫子简直太惨了，想喊救命，哎呦，被呛到了；想找回家的路，昏头昏脑，找不到方向了。这句话中有一个词组（出示"很深很深的水里"），一起读一读。

生：很深很深的水里。

师：刚才小狗撒的那泡尿，除了是很深很深的水里，还是很什么很什么的水里？

生：很臭很臭的水里。

生：很浑浊很浑浊的水里。

师：像这样的表达方式，看着下面的图片，你会怎么说？

（依次出示草丛、水坑、沙子、树叶等图片，学生练习表达。）

生：很高很高的大树。

生：很深很深的大洋。

生：很广阔很广阔的沙漠。

生：很大很大的轮船。

师：同学们，我们都有自己的想象。现在，你就是那只小虫子，想想看，你也许不像它那么惨，蹦到了小狗撒的尿里，但是，刚才的水坑、树叶呀，或者那个沙坑、草地呀，也是有可能一不小心蹦进去的，下面这句话你会说完整吗？想一想，跟你的同桌互相说一说。

（出示：一不留神，我们会蹦进_____，

被＿＿＿＿＿＿＿＿＿＿＿＿＿＿＿。其实，那＿＿＿＿＿＿＿＿＿＿＿＿＿＿＿
只是＿＿＿＿＿＿＿＿＿＿＿＿＿＿。)

（生自由练说。）

生：一不留神，我们会蹦进超级大超级大的沙漠里，被渴死。其实，那大沙漠只是孩子玩的一个小沙坑。

生：一不留神，我们会蹦进好大好大的撒哈拉沙漠里，被风沙吹得睁不开眼睛。其实，那沙漠只是小孩子们玩的沙坑，我在想，谁能给我一匹骆驼就好了。

点评：当一只小虫子，怎一个"惨"字了得！此处，小虫子的尴尬遭遇被师生演绎成一部动画片，"哇——嗷——啊——"的配音让小虫子的命运充满戏剧色彩。"哪些句子让你差点儿笑出声来"，统领了小虫子所有的烦恼。情境表演朗读，联系生活想象，角色已然在转换，学生对小虫子的遭遇感同身受。上课伊始的图片突然再现，是惊喜！用熟悉的事物仿说就不难了。再搭建一级阶梯，由仿说短语到仿说句子，也水到渠成。这一环节的实施得益于课初导入，师生随时转换角色，切换镜头，在情境朗读与说话练习中探索微妙的虫虫世界。

2. 读"虫之乐"

师：同学们的想象可真丰富。当一只小虫子就是这样，好像一点儿都不好。不过，小虫子一天的生活也是挺有意思的，你们看，课文中说——

（出示：早上醒来，我在摇摇晃晃的树叶上伸懒腰，用一颗露珠把脸洗干净，把细长的触须擦得亮亮的。）

师：这是小虫子早上刚起来的情景，同学们想象一下，此刻，你就是那只小虫子，中午的时候你在干什么？晚上的时候又会干什么？同桌相互说一说。

（学生想象说话，同桌交流。）

生：中午，我在餐桌上吃饭，用餐巾纸擦了擦嘴，把自己裹进被子里睡大觉。

师：我想问一下，你的餐桌是什么？你的餐巾纸又是什么？

生：我的餐桌是一块石头，餐巾纸是一小片树叶。

师：可以。还有吗？

生：中午我在餐桌上吃完午饭，用一张餐巾纸擦了擦嘴，把它盖在身上睡觉。我的餐桌指的是人类的餐桌，我是飞到桌子上去的。

师：我明白了，桌上撒了几粒米，你就过来继续吃了。

生：中午，我用石头做的餐桌吃饭，吃完饭，我用很小很小的树叶来擦嘴，擦完嘴，又用很小很小的树叶当床睡午觉。睡醒了就在树叶上练肌肉，用小石子当练肌肉的工具。

生：晚上，我飞到很大很大的海洋中游泳，我用很小很小的一片叶子，把自己擦得很干净。

生：我也想的是游泳。游完泳，一阵微风吹来，把我的头发吹出一个很漂亮的造型。

师：真是太有意思了！不过，更有意思的还在后面，因为有时候，它的运气还特别好。谁来读一读这句话？

（出示：如果能小心地跳到狗的身上，我们就可以到很远的地方去旅行。这可是免费的特快列车呀！）

（一生读。）

师：我有一个问题没有明白，为什么狗成了特快列车？

生：因为小虫子特别小，狗就显得很大，跑得很快，对它来说，这就是特快列车。

师：是啊，不仅是特快列车，还是免费的呢！更好玩的是，狗都不知道有旅客坐在它身上。我们一起读一读这句话。（生齐读。）

师：真有意思，此刻，你觉得做一只小虫子怎么样？

生：还挺不错的。

师：我们一起来读——

（出示：不过，我觉得当一只小虫子还真不错。）

师：如果小虫子运气好的话，蹦到了这里（出示草莓奶昔图片），那感觉才好呢！来，告诉大家，什么感觉？

生：蹦到这里的话，就蹦到了草莓奶昔泳池里，想怎么喝就怎么喝。

生：如果能小心地蹦到草莓奶昔里，我们就可以在里头欢快地游泳，然后想喝多少就喝多少，没人阻止我们。

师：游完泳出来，满身还散发着香甜的味道。

生：如果能幸运地跳到草莓奶昔里，我们就不用去找今天的午餐了。

师：人们常说，天上掉馅饼，小虫子的世界里，地上也有馅饼，关键是落得准才行。如果掉到这儿呢？（出示雪地图片。）

生：我小心地蹦到雪地里，就可以随便堆雪人，随便打雪仗。

生：如果可以小心地跳进一堆雪里，我就可以堆好多个雪人，还可以滚一个大雪球，可是我要提醒大家，千万不要站在雪球底下，那很危险的。

生：如果能小心地跳进雪地里，我们就可以尽情地滑雪，还可以转上三个圈，然后告诉自己，我就是白雪公主！

师：我想此刻，小虫子一定会说——

生：（齐）不过，我觉得当一只小虫子还真不错。

师：的确很不错，课文后面还会怎样描写这只可爱的小虫子的经历呢？我们下节课继续学习。最后，王老师留给同学们两个作业：（1）正确规范地书写本课生字。（2）说一说小虫子的生活是否有意思。为什么？王老师还要给大家推荐一本书（出示《老黑》封面），这本书就是今天这篇课文的作者写的，你们可以去读一读。

点评：子非虫，安知虫之乐？"咻"的一声，我们变成一只小虫子，再调动自己作为人类时的生活经验，就知道中午、晚上的"虫之乐"了。有了之前的表达基础，还有例句参照，"小虫子们"讲述得绘声绘色。如此快乐，完全忘记了之前的困事。日复一日的虫子生活，乐此不疲。嘿，当一只小虫子真不错！

总　评

王林波老师上低年级的课，我以为是挑战，没想到却如此轻轻松松。"轻松"是这节课给我带来的最强烈的观感。轻松愉悦的课堂，儿童怎能不喜欢？王老师的这节课玩中有法，还有货。这个"法"是儿童学习童话的优佳路径——角色转换，"货"是沿路的应获应得——掌握识字规律、在童话语境中学表达。

《我是一只小虫子》是一篇自述性童话，编排在二年级下册第四单元的最后一课。从单元首篇《彩色的梦》到语文园地的写话，整个单元充满浓郁的童话色彩。自述性童话的难点在于叙述主体的转换。一旦顺利地转换过来，这种叙述方式又是儿童乐于尝试的。儿童天生属于童话。我相信，每个孩子都曾幻想过自己是童话故事中的某一个角色，都尝试在现实世界与童话世界之间安上一扇神奇的门，让自己自如进出。那么，来吧，王老师有魔法，能满足你的心愿——我们一起做只小虫子。

一、入课即入戏

好课的导入绝不限于一种模式。开门见山可以，开门不见山亦有趣。王老师只带来几张图片，却像手拿一个万花筒，让孩子开门见到茂密的丛林、辽阔的大海、撒哈拉大沙漠，还有超级游乐场，甚至一块大面包。一句话，你想到哪儿去就到哪儿去。一个"万花筒"，就让孩子们变成课文的主人公小虫子，而且是一只只有超能力的小虫子。

这一角色翻转不只为了一时的新奇。我们常常见到这样的课堂，三分钟新奇的体验之后，它在理性的分析中慢慢冷却。导是导，学是学，板块割裂，各自为政。王老师的导入大有不同，入课瞬间，就让"我是一只小虫子"成为现实，为整节课创设了一个大情境，师生共同编织这个关于虫子的童话故事。

二、让资源循环流动起来

这是一节"绿色"的课。王老师极具环保意识，几张简易的图片资源，用一次还不罢休，居然循环使用，让"小虫子们"在一次次重逢的惊喜中慢慢慢学会说话。观课结束，才发现导入时的那些图片如几块活动的版画，随时参与组块，让课堂欢愉地流动起来。王荣生教授说："教学流程是有流向的。"在王老师的课堂里，流向不是一成不变的，时顺时逆，最终流向目标终点。这节课的图片资源是如何循化流动的？梳理一下问题串：

1. 我们先来看几张图片，这是什么呢？
2. 刚刚我们用自己的视角，看到了草丛、水坑等，如果换一种视角看，我们不再是人类，而是一只小虫子，你看到了什么？
3. 像这样的表达方式，再看着下面的图片，你会怎么说？
4. 我们都有自己的想象……刚才的水坑、树叶呀，或者那个沙坑、草地呀，也有可能一不小心蹦进去的，下面这句话你会说完整吗？

孩子们化身为一只小虫子，在不同的语境中遇见熟悉的事物，由简单词语到复杂长句子，层层叠加，表达训练扎扎实实。正读到笑点处，王老师轻巧地来了个回马枪，击中孩子的表达欲，散式聚焦，重复而不单调。

三、小虫子的喜忧与轻重

第一课时，王老师重点带孩子读小虫子的烦恼和快乐，即课文的前三自然段。小虫子烦恼多一点还是快乐多一点，我们不得而知。但一、三两个自然段相比，显然囧事讲得多一些。王老师完全理解小虫子的心情，让小朋友变着花样读出小虫子的不幸，让人对小虫子产生深深的同情。比如，书上只是说"但我们小虫子没有谁会喜欢小鸟"，王老师觉得这样说还不够，还要小朋友们加上"因为"把理由读出来，给小虫子们诉苦的机会。打开了话匣子，教师再辅以读与说的策略，如同领着儿童进入一个即兴的奇想剧场。在这个剧场里，可怜的小虫子们个个有话要说，真是苦水连连、苦不堪言啊！

不过，这都是虫伙伴的想法，他们说他们的，"我"觉得当一只小虫子还真不错。小朋友们立刻又从苦海里跳出来，享受美味的午餐，享受畅快的游泳与草莓奶昔，甚至变成了白雪公主……因为之前有对烦恼的充分倾诉，才有此时对快乐的精彩表达。

　　读自述性童话，最理想的体验就是进入童话，参与童话。在王老师的课上，当一只"小虫子"还真不错。

点评：丁素芬（全国小语十大青年名师）
单位：江苏省苏州科技城实验小学校

辑四
古诗词教学

古诗词,这样教更有效

古诗词是我国传统文化的精髓,阅读经典诗词不仅能够涵养学生的情思,更能提升学生的语文素养。小学语文教材中编排了不少经典诗词,特别是在统编小学语文教材中,古诗词的占比更是大幅增加。然而,当前的古诗词教学却徘徊在模式化的怪圈中,导致古诗词教学枯燥、低效。不少小学语文教师教学古诗词还停留在"介绍作者—理解字义—说说句意—背背诗句"的浅层次教学样态中。古诗词到底该怎样教才有效,我想,作为语文教师,我们一定要教出古诗词的特点来,教出语文的味道来。

一、对比朗读,发现音韵之美

古诗词流传度广,其中一个非常重要的原因就是其读来朗朗上口,具有节奏感,便于吟诵和记忆。因为押韵,古诗词才有了独特的节奏与声调的和谐之美。因此,教学古诗词,我们必须引导学生去发现押韵的特点,关注押韵这一独有的现象,并在反复朗读中感受押韵所带来的独特韵味,体会古诗词读来朗朗上口的魅力。

其实,不少教师在教学古诗词时对于押韵也是有所关注的,但还浮于表面,大都只是要求学生多读,在读中体会押韵。因为只知其然,不知其所以然,所以学生往往都是小和尚念经,有口无心,虽然读的遍数不少,但对于韵味的体会却不够深入,教学效果不能令人满意。

俗话说,不怕不识货,就怕货比货。如果在古诗词的教学过程中,我们能够引导学生多一些比较，古诗词的韵味也就不难体会到了。在教学《咏柳》这首古诗时，我做出了这样的尝试。

师：同学们，这首诗最后一个词是剪刀，生活中我们也称它为——
生：剪子。
师：通过刚刚的学习，我们还知道了丝绦就是丝带，那这首诗也可以写成这样——

碧玉妆成一树高，万条垂下绿丝带。
不知细叶谁裁出，二月春风似剪子。

（出示改编后的诗句，学生自读。）
师：同学们，你们为什么笑得这么开心？
生：这样写这首诗的话，虽然意思对，但是读起来总感觉不顺口。
生：这样的话读起来感觉怪怪的，因为没有押韵。
师：是呀，押韵是古诗的魅力之一，因为押韵，所以读起来就会朗朗上口。来，我们再读一读这首诗，感受其中的韵味。

这一教学片段中，我尝试着通过换词来引导学生感受诗歌的韵律美，将"绿丝绦"换成"绿丝带"，将"似剪刀"换成"似剪子"，看似意思没有变化，但是韵律却完全不同了。因为经历了换词，通过比较，又进行了朗读，学生的体验就更深刻了，对这首诗的韵律美也就体会得更加深刻了。是的，只有让学习真正地发生，学生的收获才会是深刻的。

二、想象画面，感悟诗词大意

古诗词的语言极为凝练，但却意蕴丰厚，这就需要教师引导学生借助图画、音乐，甚至拓展相关语段，从而展开想象去感受诗人所描绘的画面，体会其中的意蕴。可以说，学习古诗词，如果缺失了想象，原本魅力无穷的经典便顿时黯然失色了，如果没有适度的拓展，只是直译理解，原本鲜活生动的作品便立刻失去了生命力。教学古诗，我们必须适时创设情境，借用资源，激发学生展开想象的翅膀，在头脑中构建出具有形态美、色彩美、音韵美的多元立体的画面甚至影像，真正领会诗歌独特的魅力。

教学《渔歌子》这首词时，我不仅引导学生想象词中所描绘的景象，还通过适度拓展资料的方式进一步丰富学生头脑中的画面，让学生产生身临其境的感觉，切身体会到"西塞山前白鹭飞"的闲适，感受到绿水映衬桃红的色彩明艳。

师：谁来读一读这首词？

生：（语速比较快）西塞山前白鹭飞。

师：同学们见过白鹭没有？我们来看一下吧。（出示图片）什么感觉？

生：它不光很漂亮，而且还特别优雅。

师：不仅如此，它还是吉祥的象征，所以我们在读的时候要慢一些。明白了没有？

生：西塞山前白鹭飞。

师：特别好，让白鹭飞得更加优雅一些！

生：西塞山前白鹭飞。

师：（出示图片，教师描述）同学们，春天的景色可真美啊，大家看，桃花盛开，流水潺潺，真可谓最美不过桃花水。难怪有人这样写道——

（出示相关诗句，师生合作读。）

师：三月的桃花水，是春天的明镜。

生：它看见燕子飞上天空，翅膀上裹着白云，它看见垂柳披上了长发，如雾如烟。

师：比金子还贵呵，三月桃花水！

生：比银子还亮呵，三月桃花水！呵，地上草如茵，两岸柳如眉，三月桃花水，叫人多陶醉。

师：三月的桃花水，美不美？

生：美。

师：谁来读第二行？

生：桃花流水鳜鱼肥。

师：美丽的景色一定要慢慢地欣赏，谁再来读一读？

生：桃花流水鳜鱼肥。

师：真好！谁把这两句连起来读一读。

生：西塞山前白鹭飞，桃花流水鳜鱼肥。

师：所有的同学，一起来——

生：（齐读）西塞山前白鹭飞，桃花流水鳜鱼肥。

可以说，古诗词的教学是离不开想象的，借助图片并适度拓展可以不断丰富学生的想象，再现诗歌所描绘的画面，还原诗歌所营造的意境，学生才能真正体会到古诗词的魅力。只有这样，古诗词的学习才不会显得单调、枯燥。

三、链接资源，理解深层意蕴

古诗词创作时间久远，与学生的生活经验与认知能力相去甚远，学习古诗词，如果仅仅理解字面意思，就很难体会作者的良苦用心。我们知道，特殊的时代背景赋予了诗词深刻的含义，如果忽视了时代背景，不去了解作者和他所生活的时代，理解自然会显得肤浅，学习也很难走向深入。因此，教学古诗词时，我们一定要紧扣重点字词，结合相关背景资料，引导学生由表及里、由浅入深地理解，让古诗词的教学不断走向纵深。教学《渔歌子》这首词时，我紧扣一个"归"字，适时出示相关资料，让学生体会到了张志和那时那刻的心境。

师：斜风细雨不须归，这里有一个"归"字，你知道哪些含有"归"字的成语吗？

生：视死如归。

生：同归于尽。

生： 归心似箭。

师： 你觉得"归"字是什么意思？

生： 回去，回家。

师： "归"字在这首词中的意思就是"回家、回去"。为什么作者说"斜风细雨不须归"？请你用上"因为＿＿＿＿＿＿＿＿＿＿，所以斜风细雨不须归"来说一说。

生： 因为西塞山前白鹭飞，桃花流水鳜鱼肥，这样美的景色把作者迷住了，所以斜风细雨不须归。

生： 因为这里的景色太美了，作者被深深地吸引住了，所以斜风细雨不须归。

师： 同学们，大家可能还不太了解张志和，我们来看一段资料——

张志和童年聪明伶俐，三岁就能读书，六岁就能做文章，而且过目成诵。16岁那年就被太子李亨赏重，太子李亨为张志和亲赐御名，改名志和。就在他少年得志、风光无限时，却不慎因事得罪朝廷，被贬到南浦（今江西南昌西南）为尉官。这在他的心灵上留下一道深痕，他从此看破官场，泯灭仕念。亲人的去世与官场的起伏给了张志和沉重的打击，他开始浪迹江湖，渔樵为乐。

（出示资料，学生自读。）

师： 现在谁有了新的体会？刚刚有同学说因为景色太美了，张志和不想归，现在，你还仅仅认为是景美而不想归吗？张志和其实不想回的是哪里？

生： 他不想回到朝廷中，因为他已经看破了官场，准备渔樵为乐。

师： 同学们，学习古诗词，我们要结合背景，这样就会有更深入的了解。来，我们试着背一背这首词。

如果我们仅仅就诗词读诗词，《渔歌子》中的"不须归"很多人会认为是因为被桃花流水之美所吸引，甚至被鳜鱼肥美所诱惑，因而斜风细雨也无大碍。但当我们了解到时代背景，了解到作者的人生经历后，一下子就豁然开朗了，有了全新的认识。因此，学习古诗词，我们绝不能忽视了对作者、对时代背景等相关资料的了解。

四、聚焦字词，体会用词精妙

古人作诗词是非常讲究字词的使用的，往往为了挑选出最贴切、最富有表现力的字词来表情达意而再三琢磨，"吟安一个字，捻断数茎须"就是他们创作诗词的真实写照。我们耳熟能详的经典场景有贾岛与韩愈关于"推"还是"敲"的探讨，也有王安石"春风又到江南岸"和"春风又绿江南岸"的纠结，这都充分展现出了古人遣词造句的用心。因此，教学古诗词时，我们必须引导学生聚焦字词，细细品味用词之精妙。教学《咏柳》一诗时，我引导学生在对比中感受贺知章用词之精妙，体会语言表达之精准。

师：同学们，我们再来看看图片，观察这棵柳树，关注它的颜色、样子，看看它有哪些特点？

生：柳树是绿色的，充满生机。

生：柳枝很柔软，垂了下来。

师：很好。其实无论是古人写诗，还是我们写文章，都会抓住事物的特点来写，贺知章在写柳树时也不例外。请同学们再读一读这首诗，想一想哪几行诗写出了柳树的特点？

生：碧玉妆成一树高，万条垂下绿丝绦。

生："碧"字就写出了柳树的颜色是绿的。

师："碧"字是什么意思呢？我们可以借助工具书，通过查字典来理解。在《新华字典》中，碧有两个解释：（1）青绿色的玉石；（2）青绿色。联系这一行诗，你觉得"碧"字在这儿表示什么意思？

生：应该是青绿色。

师："碧"就是一种绿色，那这行诗就可以写成：绿玉妆成一树高。意思没有改变，怎么样，可以这样改吧？

生：这样改应该不太好吧。

师：联系下文读一读，你会有所发现。

生：我知道了，不能这样改，改了后和下面的"万条垂下绿丝绦"中的"绿"重复了。

师：看来，联系上下文也是一种非常重要的学习方法。来，我们一起读读这两行诗，体会用词的准确。

生：碧玉妆成一树高，万条垂下绿丝绦。

我们知道，春天是个无比美好的季节，万物萌芽，满眼绿色，充满生机，此刻的柳树婀娜多姿，妆如碧玉，要写出它的绿意，它的生机，作者并没有重复使用词语，这种巧妙的用词是值得细细品味的。如果没有老师的引导，学生可能就不会去关注，就不能体会用词的精妙。因此，教学古诗，我们一定要关注语言文字，体会作者遣词造句的良苦用心，感受语言表达的独有魅力。

五、尝试表达，提升运用能力

一提到古诗词教学，很多老师下意识地会认为它难教，学生难以理解，因此常常习惯性地将理解感悟作为教学的唯一目标。这种思维定式让当前的古诗词教学走向了模式化，学习方式走向了单一化。其实，古诗词的作者和现代文的作者一样，都是在通过语言文字描述自己的所见所闻，都是在通过语言文字表达自己的所感所想，并非神秘莫测。

写柳树，我们会怎么写？大都逃不开它的颜色、形状，从古至今，人们都会抓住事物的特点来写，贺知章也不例外。《咏柳》不也在写柳树的颜色、柳树的形状吗？写春天该写些什么？桃花大概是不可缺少的，流水也是绕不过去的，我们如此，张志和不也在写桃花流水吗？

学习古诗词，我们除了引导学生理解诗意、体会情感外，一定要有意识地引导学生关注作者是怎样表达的，甚至还要巧妙设计语言训练点，让学生尝试着运用语言，通过语言实践，提升语文素养。在《渔歌子》一词的教学中，我做出了这样的有益尝试。

师：同学们，你们有没有发现，很多古诗词中都会有人出现，比如说这两首，自己读一读，你会发现其中的人物。

（出示高鼎的《村居》和杨万里的《宿新市徐公店》，学生自由读。）

师：第一首诗，你发现里面的人物是——

生：我发现里面的人物是儿童。

师：读一读这两句——

生：儿童散学归来早，忙趁东风放纸鸢。

师：第二首诗，你发现里面的人物是——

生：儿童。

师：齐读——

生：儿童急走追黄蝶，飞入菜花无处寻。

师：古诗词就是这样，正因为有了人，才让它显得更有生机，变得更有趣。但是，今天的这首词却很特别，好像没有人呀，你们觉得有没有人？

生：有。

师：你从哪个地方看出来的？

生：青箬笠，绿蓑衣。

师：是吗，刚才那个同学告诉我"箬笠"就是斗笠啊，哪有人呀？

生：箬笠是人戴的，蓑衣是人穿的。

师：大家看这幅插图，是不是一下子就看到了老者身上的青箬笠、绿蓑衣？用最具代表性的事物代替人，这是一种非常重要的写作方法。同学们再看看图，除了箬笠和蓑衣，你还看到了这个人身上有什么典型特征？

生：白头发。

生：白胡须。

生：钓鱼竿。

师：那现在谁能试一试，把这首词中的"青箬笠，绿蓑衣"改一下，用你观察到的典型特征说一说？

（出示：_____，_____，斜风细雨不须归。）

生：一钓竿，一小舟，斜风细雨不须归。

生：鱼竿长，胡须白，斜风细雨不须归。

生：白头发，银胡须，斜风细雨不须归。

（生笑。）

师：好，我觉得还不错，观察力非常敏锐。

生：盘着腿，白胡须，斜风细雨不须归。

师：想想要对仗，"白胡须"不太对，可以怎么改？

生：拿着竿，盘着腿，斜风细雨不须归。

每一首诗词都有着独特的魅力，在表达上也都有着独特的手法，教学时，我们要敏锐地洞察到写法，然后层层推进，引导学生循序渐进地发现写法，运用写法，在语言实践中提升语文素养。哪怕学生的表达还很稚嫩，还显得粗糙，这都不要紧，再蹒跚的步伐都是最美丽的开始，都远远胜于呆呆地观望和等待。

顺学而导，焕发古诗词教学的魅力
——以薛法根老师的《清平乐·村居》教学片段为例

古诗词是我国传统文化的精髓。随着课程改革的不断深入，古诗词在教材中所占的比例也越来越重。的确，传承经典是每位教师义不容辞的责任，教好古诗词是每位教师不懈追求的目标。然而，走进课堂，我们却发现很多语文教师面对古诗词教学还显得手足无措。因为方法单一，古诗词教学味同嚼蜡，学生闻之色变，甚至将古诗词学习与艰涩难懂、机械背诵画上了等号。该怎样让古诗词教学摆脱"难"和"烦"的魔咒，焕发出应有的魅力？又该如何唤醒学生沉睡的诗心呢？著名特级教师薛法根老师执教的《清平乐·村居》一课能够带给我们不少启示。

一、质疑，基于学情的引导更有效

我们知道，古诗词在时间上指 1840 年鸦片战争以前中国的诗词作品，使用的是学生非常陌生的文言文，而非易于理解的白话文。因此，与其他课文的学习相比，学习古诗词的首道障碍就是字词句意思的理解。正因为学生在理解上有障碍，因此很多教师就在意思的理解上下大力气。于是，我们看到了这样的教学流程：揭题，理解诗题；一读，读准字音；再读，理解字词；三读，解释句意；四读，背诵默写。总而言之，古诗词的教学就是理解，但凡教参上有的，和盘托出，学生密密麻麻地抄写在课本的字里行间，再一字不差地背下来，这节课就大功告成了。

面对这样的教学，学生怎能不厌烦？如此枯燥，学生哪来的兴趣可言？不错，古诗词的教学需要理解，但完全无视学生的已有认知，完全忽视学生的学习能力，这绝对不可取。理解诗意也要基于学情，顺学而导才会更有效。

教学片段一

师：你有不理解的字或者句子吗？
生："白发谁家翁媪"的"媪"字是什么意思？
师：不着急！如果你对这个字不理解，会选择什么办法解决？
生：可以查字典。
师：如果字典不在身边呢？
生：可以问别人。
师：如果别人也不懂呢？
生：那就猜。（众笑。）
师：猜一猜是个办法。

教学片段二

师：还有什么不懂的吗？
生："醉里吴音相媚好"这句不懂。
师：是不是每个字都不懂？"醉里"什么意思？
生：喝醉了。
生：这里是"陶醉"的意思。
师：这里是"喝醉"还是"陶醉"呢？这就要考证。据老师的查证，这个句子里只有"喝醉"的意思。
师：这一行真正难理解的是"相媚好"。我们先看看这个"媚"字。
生：女和眉。
师：女人的眉毛好看吗？（生笑）喜欢吗？

生：喜欢。

师：这个"媚"字原来的意思就是喜爱。翁和媪"相媚好"，就是——

生：互相喜欢对方。

生：相互喜欢，相爱。

生：恩恩爱爱，亲密。

生：情意绵绵。

教学片段三

师：还有不懂的吗？

生：最后一句"最喜小儿无赖，溪头卧剥莲蓬"，那个小儿怎么是个无赖呢？

师：那你所理解的"无赖"是什么意思？

生：赖皮的。

生：只会耍赖的人。

师：耍赖的人，不讲道理的人。这样的孩子你喜欢吗？

生：不喜欢！这里是说他调皮。

师：还有不同的理解吗？

生：不懂事，很活泼。

生：活泼，淘气，可爱。

师：你一下说了三个词！不讲道理的是真无赖。那么，这个"无赖"到底如何理解？不着急！看下阕。

小学生学习古诗词，面对难懂的文言文，理解是必须要做的事情。在薛法根老师的古诗词教学课堂上，学生也在理解意思。不过，薛老师很会顺学而导，整堂课上，他不断引导学生质疑，说出自己不懂的字词。了解了学生不理解的字词，再加以引导，这样不仅可以避免时间和精力的浪费，同时不再赘述那些学生已经理解的字词，也能避免学生产生厌烦情绪。细细品读薛老师的质疑环节，我们还发现，当学生提出不理解的字词时，薛老师并没有直接告诉学生答案，因为他深知学会方法远远比知道答案重要得多。学生不理解"媪"字的意思，薛老师通过层层推进的引导，让学生明白了可以查字典，当字典不在身边的时候可以问别人，当别人也不懂的时候还可以猜一猜。当学生不理解"相媚好"的意思时，薛老师抓住重点字"媚"，将"媚"分解为"女"和"眉"两部分，最终引导学生深入浅出地理解了词语的意思，也让学生懂得了抓住重点字理解句子的方法。学生在理解"无赖"时遇到了障碍，薛老师没有着急告诉学生正确答案，而是耐心地引导学生"看下阙"。古诗词的教学的确有一定的难度，不过，作为语文教师一定要讲求教学智慧，不能只是简单地告诉，让学生机械地抄写、生硬地背诵，我们要从学情出发，不教会的，只教不会的，不仅要让学生理解字词的意思，更要让学生掌握理解意思的方法。

二、比较，有所发现的学习更难忘

在学习古诗词的课堂上，学生往往也专注，但眼中却鲜有光芒；他们也倾听，但常常缺乏深入的思考；他们也动口，但多是机械的背诵而非自己思考后的表达。长此以往，古诗词的教学便失去了活力。我们必须点燃学生的热情，唤醒学生的生命力，让学生成为课堂的主人，成为课堂的主要发言人。我们相信，每个人的内心深处都有一股强大的力量有待激活，每个人都期待得到尊重，期待有所成就。当学生成为一个有着深度思考、全新发现的学习者时，他们一定会充满活力。薛法根老师在他的古诗词教学中不断引导学生通过对比，有所发现，学生不断地成长为发现者，难怪他们兴趣高涨。

教学片段四

师：你们还记得清代诗人高鼎写的《村居》吗？

生：（齐背）草长莺飞二月天，拂堤杨柳醉春烟。儿童散学归来早，忙趁东风放纸鸢。

师：今天我们学的也是《村居》，跟刚才背的这首诗有什么不同？

生：这首是词，刚才的是诗。

生："清平乐"（念 lè）是词牌名。

师：这个字（乐）不念"lè"，念"yuè"。这首词的题目是《村居》，"清平乐"是词牌名，读的时候中间要注意停顿。

（生齐读。）

师：（出示课文）听老师念一遍。

（生听后自由朗读课文。）

师：这首词在形式上和诗有哪些不同？

生：诗每行的字数相同，但词每行的字数不同。

师：对的！词每行的字数不一样，所以又称"长短句"。但是，并不是每一句可以随意地长或随意地短，是有规定的。每一首词都有固定的调子，每个调子都有固定的句子，每个句子有固定的字数，每个字都有固定的声韵。谁来读读上面这部分最后一个字的音？

生：小、草、好、媪。韵母都是"ao"。

师：下半部分呢？

生：东、笼、蓬。韵母是"ong"和"eng"。

师："蓬"在古时念"pōng"。所以，字音都有定声。诗和词还有什么不同？

生：大多数诗只有四行，可词却不止四行，这首词有八行。

师：诗也有八行的，大家看看这首词的八行，跟诗的八行有什么不同？

生：诗的中间不分开的，但这首词上下是分开的。

师：上半部分叫"上阕"，下半部分叫"下阕"，或者叫"上片""下片"。下面请你读一读这阕词。

清代诗人高鼎的《村居》描述的是乡村生活，"忙趁东风放纸鸢"的儿童让整个画面充满了活力；辛弃疾的《清平乐·村居》描述的也是闲适的乡村生活，同样，"溪头卧剥莲蓬"的小儿让整个画面充满了童趣。两位大诗人的作品有着太多相似的地方，于是，薛老师从复习已经学过的《村居》这首诗切入,为这一课的学习做了很好的铺垫。更令人称道的是,在此基础上,薛老师引导学生比较辛弃疾的《清平乐·村居》和高鼎的《村居》在形式上有哪些不同?在比较与思考中,学生发现了两者的异同,"词"的特点也在学生的心中清晰了起来。我们知道,直接地告诉,学生也能了解"词"的特点,但与在比较中有所发现、在思考中清晰认识相比,告诉显然太生硬、太肤浅了。我们也相信,当学生经历了比较、思考而有所发现时,那种成就感是其他奖励不可比拟的。产生了成就感,后面的学习自然会充满持续的动力。

三、对话,融入生活的交流更有趣

在很多学生甚至语文教师的眼中,古诗词教学已然成为枯燥的代名词,词义的理解大多就是一种机械的位置转移,从教参到黑板,再从黑板到学生的课本上。机械地抄写,耐下性子还容易完成,但要牢记心中可就难了,毕竟,没有理解就这样生吞活剥,实在难以消化。即便是勉强背下来了,也很容易遗忘。有些教师虽然做了讲解,但由于太过理性,一板一眼,学生也会深感乏味,缺乏趣味。细细品味薛法根老师的教学,我们发现轻松的对话是一种不错的方法,融入生活是一种不错的选择,适时的幽默更能让孩子们一生难忘。

教学片段五

师:"翁"字的意思大家懂吗?

生:是指年老的男性。

师:男性,说得很专业!你将来老了就是——

生:翁。(众笑。)

师:如果她(指同桌)老了呢?

生:她老了就应该叫"媪"。

师:聪明!现代人不叫"媪",叫什么?

生：女孩。（众笑。）

师：有这么年轻的"媪"吗？（众大笑。）

生：老奶奶，婆。（众大笑。）

师：哪个"婆"？

生：外婆。（众笑。）

师：所有年老的女人，都叫"外婆"？

生：老婆婆。

师：对啦！那男的叫什么？

生：老公公。

师：这里的"翁媪"是什么关系啊？

生：夫妻关系。

在学生眼中，古诗词之所以难学，其中一个非常重要的原因就是时代久远，离学生的生活距离太大。因此，在古诗词的教学过程中，我们应该尽可能地拉近诗词与学生的距离，甚至可以让学生"身"入其中，这样学生的理解会更深入，感受会更真切。薛老师在教学"翁媪"时，就让学生参与其中，不仅效果好，而且"笑"果也很好。相信经历了以上学习过程的这个学生，一生都会深刻地记得"翁媪"的意思，记得自己的同桌，记住上课的薛老师。

四、链接，找到源头的理解更深入

篇幅短但理解难，学得慢但忘得快，这是很多学生学习古诗词的深切感受。的确，与现代文相比，古诗文学习不易，理解更难。如果我们能够在引导学生理解字词意思的同时，帮助学生找到"源头"，让学生知其所以然，一切就变得简单了。薛法根老师深谙此理，在《清平乐·村居》一课的教学中，当学生的理解出现偏颇或者不够深入时，他总能及时引导学生追根溯源，链接资源，让学生知其然，更知其所以然。正是因为学生了解了根源，理解就更深入了,效果就更好了。

教学片段六

师:不讲道理的是真无赖。那么这个"无赖"到底如何理解?不着急!看下阕,老师告诉你,这四行是从别人那里化用过来的。

(出示:大妇织绮罗,中妇织流黄。小妇无所为,挟瑟上高堂。)

(生齐读。)

师:这是汉乐府《相逢行》里面的诗句。"绮罗""流黄"都是丝织品。你看这一首诗当中的大妇在织绮罗,中妇在织流黄,这个小妇有事情做吗?

生:没有事情做。

生:无所事事。

师:所以只能携带着琴瑟去自娱自乐了。那我们一起看这首词的下阕。

生:(齐读)大儿锄豆溪东,中儿正织鸡笼。最喜小儿无赖,溪头卧剥莲蓬。

师:你现在有什么发现吗?

生:大儿、中儿和大妇、中妇一样,都在劳动,只有小妇和小儿一样,都没有事情可干。

师:这里的"无赖"跟《相逢行》当中的哪一个词意思相近?

生:无所为。

师:无所事事,无事可做,百无聊赖,简称无赖。(众笑)明白了吗?

生:明白了。

教学片段七

师:所有的诗、词、文,所写的内容都可以用八个字概括:所见、所闻、所思、所感。看看这首词,作者看到了什么?

生:作者看到了一间低矮的茅屋,还看到了一条小溪。

师:"茅檐低小",那是远看。杜甫在《绝句漫兴》中写道:"熟知茅斋绝低小,江上燕子故来频。"江南一带的茅草屋又低矮又狭小,所以江上的燕子常常来筑巢搭窝。"溪上青青草"呢？取自谢灵运的《登池上楼》："池塘生春草，园柳变鸣禽。"草长得怎么样？

生： 草长得非常茂密，非常青。

师： 所见的先是景。

在古诗词中，常常蕴含着一些典故，暗藏着一些"有故事"的字词，如果就字词理解字词，古诗词的教学必将走进死胡同，甚至走上歧途，学生的学习也注定是枯燥乏味的，理解与识记的效果注定是短期的、浅层次的。作为语文教师，我们需要细读教材，深入解读，只有这样才能让古诗词的教学深入浅出，充满乐趣。

诵读中品诗韵，比较中悟诗情
——《咏柳》教学实录

一、借助图片，激趣导入

1. 复习旧知，导入新课

师：同学们，看到眼前的这幅图，你立刻想到了哪首诗？

生：鹅鹅鹅，曲项向天歌。白毛浮绿水，红掌拨清波。

师：真好，这是唐代诗人骆宾王的作品，题目是——

生：《咏鹅》。

师：来，一起读这个字——

生：咏。

师：会组词吗？

生：歌咏。

师：很好。今天我们要学习的这首诗是——

生：咏柳。

2. 借助图片，感知特点

师：同学们，大家见过柳树吧？谁能跟大家说说你眼中的柳树是什么样子的？

生：柳树的枝条是垂下来的。

生：柳树的枝条像春姑娘的头发。

生：柳树是绿色的，而且枝条非常柔软。

师：说得真好，让我们一起再来欣赏柳树，感受一下它的美吧。

（学生欣赏配乐的柳树图片。）

师：我发现大家看得都特别投入，还有人边看边发出了感叹，说说看，你为什么发出了感叹？

生：我感觉柳树的枝条像绿色的荧光条，特别好看。

生：我觉得很多柳枝垂下来，就好像绿色的窗帘。

生：柳树的枝条下垂，风吹来时，叶子随风飘舞，很美。

点评：由《咏鹅》过渡到《咏柳》，唤起学生已有的学习经验，"咏"字的意思便无须多讲了。"说说你眼中的柳树"，唤起学生已有的生活经验，将古诗与学生的生活拉近了。"欣赏柳树"，这是借助摄影艺术家的镜头，让学生感受柳树的婀娜。通过学生前后表达的对比，我们感觉到学生的认知、语言都有了明显的变化。这就是王老师的匠心所在！

二、初读古诗，感受诗韵

1. 借助注释，理解字意

师：柳树可真美啊，在诗人笔下又是什么样的呢？赶快来读一读这首诗吧，注意把字音读准，把诗句读通顺。

（学生自由读诗。）

师：哪位同学来读一读这首诗？

（三位同学分别读这首诗。）

师：读得不错，王老师把这首诗中最容易出错的一个生字写到黑板上，谁来读一读？

生：绦。

师：真了不起，这是个很容易读错的字，同学们读得很准确，大家看这个字左边是绞丝旁，根据你的经验，这个字所表示的意思和什么有关？

生：和丝线有关。

师：根据形旁推测一个字的意思，是一种不错的方法。大家猜得没错，"绦"就是用丝编成的带子。

2. 趣解生字，指导书写

师：同学们，这首诗的第一行有一个字读"zhuāng"，看到这个字你一定还会想到另一个读"zhuāng"的字。

生：装东西的装，也是假装的装。

师：（出示图片）同学们，图片上的是亲子装，你们看爸爸、妈妈、姐姐、弟弟都穿上了相同的服装，服装就是衣服，大家看"装"字的下面就是一个"衣"字。大家再看下一幅图，图上是谁，在干什么呢？

生：是妈妈在化妆，小女孩也学着妈妈的样子在化妆。

师：你发现了什么？

生：化妆的一般都是女的。

师：所以"妆"的右边是"女"字，记清楚了吗？来，看老师写这个字，右边的"女"字先写撇点，再写撇，两个笔画的大小要匀称，最后再写长长的一横。

（学生练习书写，教师巡视指导。）

师：我们再来猜一个字谜：王老师和一个姓白的小朋友共同坐在一块石头上，猜猜看，这是诗句中的哪个字？

生：碧。

师：你是怎么猜出来的？

生：上面是王和白，下面是石，组合起来就是碧。

师：假如她就是那位姓白的同学，同学们观察我们俩的体型，你觉得我们怎么坐会更安全更舒适一些？

生：王老师你比较胖，应该侧一点身子，这样才不会把旁边的这位同学挤下去。

师：说得很好，在写"碧"字时一定要注意——"王"的最后一笔要写成提，让出一点儿地方来，如果写成长长的横，就会把旁边的小朋友挤到石头下面去了。我们两个要坐得平稳安全，这块石头应该是什么样的？

生："石"字的"口"要宽一点儿。

生："口"不能写成倒三角或者圆形的，不然你们两个人都会掉下去的。

师：对，看老师写这个"碧"字，左上的"王"最后一笔一定要写成提，下面"石"字的"口"要宽一点儿，这样整个字才稳当。同学们，你们也来写一写吧！

（学生书写，教师巡视指导，评价。）

点评："绦""妆""碧"这三个重点生字的处理，王老师所用方法各不相同，但是都恰到好处。"绦"是形声字，王老师便从字理入手，引导孩子们识字。"妆"容易与"装"混淆，于是，王老师特地引导学生将它们放在一起进行比较，发现它们的不同之处，这样学生就不会弄混这两个字了。"碧"的学习，重点指导三个部件的摆放，突出书写。生字教学，王老师真正做到了"因材施教"。

3. 对比朗读，感悟诗韵

师：同学们，这首诗最后一个词是剪刀，生活中我们也称它为——

生：剪子。

师：通过刚刚的学习，我们还知道了丝绦就是丝带，那这首诗也可以写成这样——

> 碧玉妆成一树高，万条垂下绿丝带。
> 不知细叶谁裁出，二月春风似剪子。

（出示改编后的诗句，学生自读。）

师：同学们，你们为什么笑得这么开心？

生：这样写这首诗的话，虽然意思对，但是读起来总感觉不顺口。

生：这样的话读起来感觉怪怪的，因为没有押韵。

师：是呀，押韵是古诗的魅力之一，因为押韵，所以读起来就会朗朗上口。来，我们再读一读这首诗，感受其中的韵味。

点评：对比朗读，感受古诗的音韵之美。古人作诗，是非常讲究押韵的。这首七绝，便是典范，一、二、四句尾字都押 ao 韵，ao 是开口呼，一般用来表达欢乐明快的感情。当然，老师不必跟学生讲这些艰深的知识，但是很有必要让学生通过形象直观的方式感知韵脚的存在。王老师做到了，他将韵脚换掉，让学生对比朗读，于是，学生"笑得这么开心"，觉得"怪怪的"，这就充分说明学生感受到了。如果王老师在这里点示一下就更好了。比如第一句，诗人将"一高树"改为"一树高"，也是为了入韵。

三、品读赏析，体悟诗情

1. 换词比较，感受"碧"字的精准

师：同学们，我们再来看看图片，观察这棵柳树，关注它的颜色、样子，看看它有哪些特点？

生：柳树是绿色的，充满生机。

生：柳枝很柔软，垂了下来。

师：很好。其实无论是古人写诗，还是我们写文章，都会抓住事物的特点来写，贺知章在写柳树时也不例外。请同学们再读一读这首诗，想一想哪几行诗写出了柳树的特点？

生：碧玉妆成一树高，万条垂下绿丝绦。

生："碧"字就写出了柳树的颜色是绿的。

师："碧"字是什么意思呢？我们可以借助工具书，通过查字典来理解。在《新华字典》中，碧有两个解释：（1）青绿色的玉石；（2）青绿色。联系这一行诗，你觉得"碧"字在这儿表示什么意思？

生：应该是青绿色。

师："碧"就是一种绿色，那这行诗就可以写成：绿玉妆成一树高。意思没有改变，怎么样，可以这样改吧？

生：这样改应该不太好吧。

师：联系下文读一读，你会有所发现。

生：我知道了，不能这样改，改了后和下面的"万条垂下绿丝绦"中的"绿"重复了。

师：看来，联系上下文也是一种非常重要的学习方法。来，我们一起读读这两行诗，体会用词的准确。

生：碧玉妆成一树高，万条垂下绿丝绦。

2. 借助图画，理解"万"字的含义

师：学习古诗还有一种非常重要的方法，那就是借助图画。有一位同学不仅通过看图理解了诗句，他还根据诗句"万条垂下绿丝绦"画了这样一幅画。

（出示图画，柳树只有八根枝条。）

生：这样画不对，万条垂下绿丝绦说明有很多条柳枝，他的画上只有八条。

师：需不需要在画的时候数一数，真的画一万条呢？

生：数量不重要，应该把枝条画得多一些，显得密集一些。

生：不需要画一万条，看起来很多就行了。

师：有很多词语、诗句中都带有"百、千、万"，这样的词语、诗句并不表示具体的数字，只表示数量多，明白了吗？我们一起读一读下面这些词语——

（生齐读：万水千山、万家灯火、千军万马、千言万语、百里挑一、百花争艳。）

师：我们再来读一读下面这些诗句体会一下。

生：千山鸟飞绝，万径人踪灭。（唐·柳宗元）

生：千门万户曈曈日，总把新桃换旧符。（宋·王安石）

生：等闲识得东风面，万紫千红总是春。（宋·朱熹）

点评：古人作诗讲究字斟句酌，"吟安一个字，捻断数根须"。我们引导学生读诗，应该让学生充分感受这来之不易的劳动成果。对"碧"和"万"这两个字的深入理解，是王老师引导学生理解诗意的两把钥匙。"碧"字写出柳条之青翠，且与下句"绿"字不重复；"万"字写出柳条之繁茂，突出春天之生机。在理解生字的过程中，王老师始终不忘方法的渗透：借助工具书、联系上下文、结合相似诗句等。可谓既"授人以鱼"，也"授人以渔"。

3. 品析比较，体会比喻的妥帖

师：同学们，你们再读一读这首诗的后两行，有没有发现哪两个字表达的意思是相同的？

生："裁"和"剪"。

师：同学们，"剪"是一个形声字，下面的刀是形旁，表示意思。说到刀呀，生活中有很多各种各样的刀，比如水果刀、菜刀、小刀、大刀，为什么不能说"二月春风似菜刀"或者"二月春风似小刀"呢？

生：因为春天有很多燕子，燕子的尾巴像剪刀，所以作者写二月春风似剪刀。

生：因为诗句中说的是"细叶"，只有剪刀才能剪出细叶，所以说似剪刀。

生：如果是菜刀或者大刀，估计柳树枝直接就被砍断了，那柳树姑娘就没有长发了，直接成了光头，而只有用剪刀裁剪出来的细叶才刚刚好。

师：说得真好，我们再来读读这两行诗。

生：不知细叶谁裁出，二月春风似剪刀。

师：书写"剪"字时，要注意上面的"前"字和下面的"刀"字都要扁一点，看老师写。

（教师示范书写后学生练习书写，教师巡视指导、评价。）

师：同学们，这首诗不仅要会背诵，还要会默写，大家再多读几遍，同时注意看看诗中哪几个字比较难写，可以重点识记。

（学生练习背诵、默写。）

点评：抓住"裁""剪"二字，体会春天和大自然之神奇、灵气，体会诗人对大好春光的赞美，选点精准。孩子们的理解非常富有童趣，"春天有很多燕子，燕子的尾巴像剪刀，所以作者写二月春风似剪刀"，这是多么有趣的联想啊！虽然理由上有些牵强，但是这说明学生已经沉浸在春天的美好情境中了，柳树、燕子、春天不是紧密联系在一起的吗？由柳树想到春天，由春天想到燕子，再把燕子和柳树联系在一起，不是很自然吗？入诗境，悟诗情，乃学诗之正道也。不过，对这个比喻的巧妙，老师似乎还可以再进一步拓展，引导学生感受得更深刻一些。

四、拓展诗句，布置作业

师：同学们，古诗中有不少咏物诗，除了今天学习的这首《咏柳》，还有很多呢！大家看，这幅图上，在白雪的映衬下显得更加鲜艳的是——

生：梅花。

师：你想到了哪首诗？

生：宋代诗人王安石的《梅花》："墙角数枝梅，凌寒独自开。遥知不是雪，为有暗香来。"

师：同学们，古诗中还有很多类似的诗作，课后请大家再去找一找，读一读。这节课就上到这里，下课。

点评：大自然的一切美好事物皆可吟咏，皆可入诗。这里，王老师适时引出咏物诗《梅花》，与开课时引入的《咏鹅》呼应，让学生对咏物诗有了更多的了解。

总 评

王林波老师执教的《咏柳》是一节很清新的古诗教学课，尤其注重了以下几个方面，充分体现了小学低段古诗教学的特点。

一、注重古诗的诵读

古诗文的学习，我以为首要的便是诵读，用声音将文字还原，还原为画面，还原为情景，还原为意境。这节课上，王老师安排的诵读活动多达十余次，在这十余次的诵读中，学生一步步走近古诗，感受到了诗句的音韵美、节奏美、画面美、修辞美，并将经典诗句积累下来。

二、注重字词的揣摩

古诗创作，历来讲究"炼字"。那么，古诗学习，自然也要遵循此道，揣摩这些字词的精妙，揭示出背后丰富的意蕴。教学《咏柳》，王老师敏锐地捕捉到了"碧""绦""万""裁""剪"等字词，引导学生感受到了柳树的色之翠、形之柔、枝条之茂，领略到了春天之神奇、春风之灵性。

三、注重方法的渗透

俗话说，"授人以鱼不如授人以渔"。在这节课上，王老师二者兼得，既"授人以鱼"，更"授人以渔"。对于字词的理解、诗句的理解，王老师引导学生运用的方法就有：字理猜测法、借助字典法、联系生活法、删换比较法等。这些方法切实可用，反复实践，一定可以内化为学生的习惯与能力，有助于学生今后的古诗文阅读。

四、注重书写的指导

二年级，生字书写怎么指导？王老师采用了随文指导的方式，与古诗学习融为一体。这节课上，王老师着重指导了"妆""碧""剪"等生字的书写，每一次指导都是要言不烦，切中肯綮，效果自然可想而知了。

关于此诗诗情、诗境的理解感悟，我个人觉得似可再细腻深入一点。此诗最大的特色在于比喻的叠用，把整棵树比作碧玉，把柳枝比作丝绦，把春风比作剪刀，层层设喻，从多个层面、多个角度写出了柳树的美和春天的美，表达出诗人对大好春光的无限热爱。

点评：陈德兵（全国小语十大青年名师）
单位：广东省深圳市深圳小学

辑五

策略单元教学

策略单元，这样教更有效

打开统编小学语文教材，我们会看到一个极其新鲜的单元——策略单元。从三年级到六年级，每个年段的上册，都编排有策略单元，四个阅读策略依次为"预测""提问""提高速度的阅读""有目的地阅读"。每一个策略单元的内容编排都是非常精心的，单元整体推进，体系性很强。面对策略单元，一线教师在感到新奇的同时，更感受到的是无助，无从下手，不知道该怎么教才好。策略单元，怎样教才更有效呢？

一、紧扣语文要素设计教学点，细读课后题领悟编者意图

策略单元与普通单元有所不同，教学时一定要凸显策略，充分体现出编者的编写意图。因此，我们在教学策略单元时一定要紧扣"两头"，充分领会编者意图，同时还要抓好"中间"，让本单元的策略稳稳落地。

所谓"两头"，就是本单元的"单元页"和语文园地中的"交流平台"。我们知道，在单元页，编者会明确提出本单元的语文要素，就策略单元而言，编者会点明本单元的阅读策略。以四年级上册第二单元为例，单元页中明确指出了阅读策略："阅读时尝试从不同角度去思考，提出自己的问题。"教学时，我们要紧扣语文要素，即阅读策略——"提问"来设计教学。

在四年级上册第二单元语文园地的"交流平台"栏目中，编者将本单元的策略进行了细化，明确为四点：（1）阅读的时候我要动脑思考，积极提出问题；（2）可以试着从不同角度提出问题，让自己的思考更加全面和深入；（3）我要筛

选出最值得思考的问题，加深对文章的理解；（4）我们要养成敢于提问、善于提问的习惯。这四点是对本单元语文要素中提出的阅读策略——"提问"的细化。这四点建议层次分明，层层递进，分别与本单元的四篇课文相对应。紧扣"交流平台"，我们就明确了本单元每一课应该达成的有关阅读策略的教学目标。

所谓"中间"，就是指本单元所选编的几篇课文，这几篇课文是有效落实本单元阅读策略的肥沃土壤。要想让学生掌握"提问"这一阅读策略，我们必须紧扣这一单元选编的课文。

以四年级上册第二单元为例，这一单元选编了《一个豆荚里的五粒豆》《夜间飞行的秘密》《呼风唤雨的世纪》三篇精读课文和《蝴蝶的家》一篇略读课文，前三篇课文的课后第一题都涉及了提问，但仔细阅读，我们发现还是有所侧重的。

课　题	课后第一题
5.《一个豆荚里的五粒豆》	读完课文，把你的问题写下来。
6.《夜间飞行的秘密》	分小组整理问题清单，想一想可以从哪些角度提问。
7.《呼风唤雨的世纪》	分小组整理问题清单，筛选出对理解课文最有帮助的问题。

不难发现，这一单元的首篇课文是要让学生敢于提出问题，能够积极提问；第二篇课文则要学会从不同的角度提问；当学生学会了提问之后，第三篇课文就要让学生学会筛选问题了。第四篇课文《蝴蝶的家》是一篇略读课文，没有课后题，该如何领会编者意图？我们要学会从导语中有所发现。这一课的导语这样写道："读课文，提出自己的问题，再试着把问题分分类，选出你认为最值得思考的三个问题，并尝试解决。"从这一导语中可以看出，编者要求学生提出问题、分类梳理、筛选问题并尝试着解决问题。提问、分类梳理、筛选问题，这不正是前面三篇课文的教学目标吗？我们发现这一单元中的四篇课文的教学目标是层层推进的，教学时要注意准确把握编者意图。

当然，明确了目标，我们还需要掌握具体的操作方法，如何让"提问"这一策略的教学落到实处呢？必须细读每一课的课后题，特别关注最能体现编者意图的"泡泡语",这样就能找到让阅读策略落地的抓手了。

《一个豆荚里的五粒豆》课后第二题出现了一个"泡泡语":"我发现有的问题是针对课文的一部分内容提的,有的问题是针对全文提的。"细读这句话,我们就明白了,教学这篇课文,要引导学生积极提问,从内容的角度来说,既可以针对部分内容提问,也可以针对全文内容提问。

《夜间飞行的秘密》课后第二题的"泡泡语"写道:"我发现这三个问题的提问角度是不一样的,第1个问题是针对课文内容来提问的。第2个问题是从课文的写法上来提问的。第3个问题是从课文中得到的启示,联系生活经验提出的。"可见,这一课的教学不仅要巩固前一课学到的针对课文内容从整体和部分的角度提问的旧知,还要学习从写法和启示的角度提问的新知。

《呼风唤雨的世纪》课后第二题右侧写道:"我发现阅读中产生的问题很多,有些问题不影响对课文内容的理解。有的问题可以帮助我理解课文内容。有的问题可以引发我深入思考。"从这三句话不难看出,前两课是在学习提问,这一课是要学习筛选问题。具体如何操作呢?以什么为标准呢?细读编者的这几句话,我们一下子就明白了:筛选问题,要看的是问题是否有助于学生对课文内容的理解,能否引发学生的思考?

以《呼风唤雨的世纪》一课为例,我们可以这样教学,引导学生梳理和筛选问题。

师:同学们,我们提出问题后还要学会梳理问题,该怎样梳理问题呢?我们来看看课后题对我们有哪些启示吧!

(出示课后第二题。)

生:我们可以把小组几个人的问题整理在小组问题清单内。

师:非常好!那如果遇到组员的问题有相同的怎么办?

生:只留一个就可以了。

师:再看看,还有什么启示?

生:我们应该分析一下小组提出的问题,有些问题能够帮助我们理解课文内容,或者能够引发我们的思考,这些都应该作为重点问题来解决。

生：是的，有些问题不影响对课文内容的理解，就可以先不管它。

师：你们的发现非常有价值。来，看看你们小组提出的问题，哪些是可以暂时不管的？哪些是要重点解决的？

生：我们准备先不管的问题有：是谁来呼风唤雨呢？靠什么呼风唤雨呢？因为这两个问题课文中已经给出了答案，可以不用回答了。

生：我们组准备删除的问题是：天体是什么？远洋船舶是什么？我们觉得这两个问题跟课后题中的"什么是'程控电话'"一样，都不影响对课文的理解。

师：非常好。这些不影响理解课文内容的问题，我们可以暂时不管。那你们觉得哪些问题很重要，能够帮助我们理解课文内容，或者能够引发我们的思考，需要解决呢？

生：发明和发现有什么不同？

生："千里眼"和"顺风耳"在现代指什么？

生：随着科学技术的发展，人类的社会还会有哪些变化？

这样进行教学不仅能够教给学生筛选问题的方法，达成这一课的教学目标，同时引导学生关注课后题进行思考，还能训练学生的思维能力，培养学生关注课后题的习惯，这对于今后的语文学习是非常有好处的。

二、借助问题促进内容的理解，聚焦表达落实语言的运用

《义务教育语文课程标准（2011年版）》明确指出："语文课程是一门学习语言文字运用的综合性、实践性课程。""工具性与人文性的统一，是语文课程的基本特点。"教语文，我们必须紧扣语文课程的基本特点，一手抓工具性，一手抓人文性，不可偏颇。

人文性的实现主要基于对课文内容的理解、思想情感的体会，我们可以借助问题帮助学生思考。这里所说的"问题"来源广泛，既可以是学生提出的问题，也可以是课文中出现的问题。以《夜间飞行的秘密》一课为例，能够帮助

学生思考的问题就很丰富：首先，课文在导语处提出要求，让学生提出问题并写下来，学生的提问可以促进他们的阅读理解；其次，课文旁边，编者也写出了问题，为学生进行示例，这些也是可以利用的问题资源；再次，课文后面紧跟了好几个问题，这些也都是可以帮助学生思考的；最后，课后第二题，编者为了教给学生提问的角度和方法，用了三个问题做例子，这也不容忽视。细细数来，能够帮助学生思考的问题有四处，这些资源我们都可以运用，不过要注意的是，我们不能把所有的问题都拿来让学生思考，一定要有所选择，选择那些最有用的问题，这样教语文才能简单而高效。

关注工具性，就是要聚焦语言文字，关注表达方法。作为语文教师，我们必须清楚，无论是哪篇课文，何种文体，编排在哪个单元中，只要是语文课，就必须在实现理解、体会等人文性目标的同时，聚焦语言文字，落实语言表达，从而提升学生的语文学科核心素养。聚焦语言文字，我们一方面要引导学生丰富语言积累，另一方面要引导学生通过语言实践提升语言表达能力。

以《蝴蝶的家》一课为例，我们可以这样引导学生聚焦语言文字，丰富积累，体会用词的精妙。

师：在读句子的时候一定要把字音读准，还要关注作者的用词，看看有哪些用得好的词语值得我们积累。大家读读下面这个句子，你觉得哪些词语值得我们积累？

（课件出示：天是那样低沉，云是那样黑，雷、电、雨、风，吼叫着，震撼着，雨点密集地喧嚷着，风将银色的雨幕斜挂起来，世界几乎都被冲洗遍了，就连树林里也黑压压的、水淋淋的，到处都是湿的。）

（学生自由读。）

师：有人已经关注到了，谁来分享给大家？

生：我关注的词语是黑压压、水淋淋。

师：除了它们，谁还有不同的积累？

生：吼叫着、震撼着、喧嚷着。

师：我们合作着读一读这段话吧。天是那样低沉，云是那样黑，雷、电、雨、风——

生：吼叫着，震撼着。

师：雨点密集地——

生：喧嚷着。

师：风将银色的雨幕斜挂起来，世界几乎都被冲洗遍了，就连树林里也——

生：黑压压的、水淋淋的，到处都是湿的。

师：我这样读，你觉得怎么样？天是那样低沉，云是那样黑，雷、电、雨、风，喧嚷着，雨点密集地吼叫着，震撼着，风将银色的雨幕斜挂起来，世界几乎都被冲洗遍了，就连树林里也黑压压的、水淋淋的，到处都是湿的。

生：这样读不好。

师：我并没有多加一个字，也没有减少一个字，怎么就不好了？

生：课文中的词语搭配是很恰当的，雨点儿不能是震撼着。

师：作者用词精准确实值得我们学习，这些好的词语我们都应该积累下来。

我们知道，语文要素是极为重要的教学内容，但并不是唯一的教学内容。进行语文教学，我们要关注语言表达，从课文的文体特点出发，从这一篇课文独有的表达特点出发，引导学生习得写作的方法。这需要语文教师用专业的眼光解读课文，发现表达的秘妙，有效设计教学活动，让学生通过语言实践，提升语言表达能力。

以《呼风唤雨的世纪》一课为例，这是一篇说明文，作者通过举例子等方法让读者明白了20世纪科技发展极快，变化极大。教学这篇课文，在学生掌握了筛选问题的方法后，我们还应当留出一些时间，引导学生关注说明文的特点，了解说明文的方法，甚至尝试着运用常用的说明方法进行语言表达，从而更进一步感受到20世纪是一个呼风唤雨的世纪。这样一来，就将人文性与工具性进行了有机融合，让语文教学的内容变得更加丰满。我们可以这样教学。

师：同学们，大家提出了很多问题，筛选后依然有三个问题，这节课的时间有限，就让我们抓住其中一个问题先来解决吧。刚刚有同学提出了关于发现和发明有什么不同这个问题，请大家读一读下面这段话，想想哪些属于发现？哪些属于发明？

（课件出示：20世纪，人类登上月球，潜入深海，洞察百亿光年外的天体，探索原子核世纪的奥秘；20世纪，电视、程控电话、因特网以及民航飞机、高速火车、远洋船舶等，日益把人类居住的星球变成联系紧密的"地球村"。）

生：月球、深海、百亿光年外的天体等都属于发现。

生：电视、程控电话、因特网以及民航飞机、高速火车等都是发明。

师：比较大家找到的关于发现和发明的事物，你是否知道了这两个词语之间的不同？

生：发现的事物之前就存在，只不过是我们不知道而已。

生：对，发明的事物以前没有，是新出现的全新的事物。

师：同学们，20世纪的发明还真不少呢！我们的学校和家里都有，你知道有哪些发明？

（学生先后说到洗衣机、电冰箱、洗碗机、电风扇、空调、电视机、电脑、日光灯、烤箱等。）

师：大家了解的还真不少呢！现在，我相信大家对刚刚的疑问——发明和发现的区别一定非常清楚了。同学们，现在让我们再读读刚才这句话，聚焦表达，看看有什么发现？大家想想看，为了说清楚20世纪是一个呼风唤雨的世纪，作者写到了电视、程控电话、因特网以及民航飞机、高速火车、远洋船舶等，这是什么说明方法？

生：作者用的是举例子的说明方法。

师：这种说明方法并不难，刚刚大家其实已经说到了很多例子，我们也试着用举例子的方法来说明，让读者进一步感受到20世纪是个呼风唤雨的世纪。来，试着写一写吧。

（课件出示：20世纪，_____等，日益_____。）

（学生动笔写，教师巡视指导。）

辑五　策略单元教学 | 185

师：我们来交流一下吧。

生：20世纪，洗衣机、电冰箱、洗碗机、电风扇、空调的发明，让我们的生活日益舒适，更加便捷，以前不敢想的事情现在居然能做到了。

生：20世纪，洗碗机、电风扇、空调、电视机、电脑、日光灯、烤箱的发明，让我们的生活日益便捷，而且更加多姿多彩了。总之，科技改变生活，我们觉得很幸福。

生：20世纪，汽车、飞机、轮船、高铁的发明，让我们的交通日益便捷，电话、网络的出现，让我们的联系日益方便，无论离得多远，都像是邻居一样。

师：说得真好！现在，同学们不仅更进一步了解到发明与发现的区别，解决了疑难问题，而且还感受到了20世纪科技发展变化之大，学会了举例子的说明方法，太棒了！

    策略单元的教学，我们一定要聚焦策略，将这一单元的几篇课文统筹起来，从整体出发进行教学设计，让每一课的教学都建立在前一课学习的基础上，都能为后一课的学习做好铺垫。在凸显阅读策略的同时，我们还应当避免唯策略的倾向。策略单元的教学，阅读策略无疑是教学的重点，但绝对不是唯一的教学目标，我们要兼顾语文基础知识，落实语言的积累与运用，这样的语文课，才是真正的语文课。

策略单元的教学困惑及对策探究

——以四年级上册第二单元为例

统编小学语文教材三至六年级的上册都有一个极为特别的单元——策略单元，全新的策略单元究竟该怎样教，我们在课堂实践中做出了有益的探索，摸索出了一些方法，但同时也遭遇了不少困惑。

一、全新的策略单元，教不出新感觉怎么办

不得不承认，做很多事情，我们都会受到思维定式的影响，都会用惯有的方式去做。以四年级上册第二单元为例，拿到这个策略单元的课文，我们会发现《夜间飞行的秘密》（原《蝙蝠和雷达》）、《呼风唤雨的世纪》曾经在人教版的教材中出现过，下意识地会回想当时的教学场景，甚至想偷个懒——当时精心设计的教案，花了不少心思制作的课件还都能再次发挥作用，真好。即便是相对陌生的课文《一个豆荚里的五粒豆》《蝴蝶的家》，阅读之后也发现不难教，前一篇是童话大师安徒生的作品，这是学生喜欢的；后一篇是文字优美的散文作品，篇幅不长，也不难教。于是，从整体感知到认读字词，从课文理解到情感体验，按照自己的经验，顺利地完成了教学。但是，这样的教学能够达成编者的意图吗？这样一个特殊的策略单元，如果如此穿新鞋走老路地教学，能够体现出全新的策略单元的价值吗？

- **对策**：根据编者意图，教学内容要大胆取舍，有所侧重。

四年级上册第二单元这一策略单元要学习的阅读策略是提问，单元导语页明确写道：阅读时尝试从不同角度去思考，提出自己的问题。因此，教学这一单元，我们就应该紧扣提问这一目标，集中力量深入教学，不仅要教给学生提问的方法，还应该引导学生进行提问的实践，引导学生在提问的过程中学会提问。以《夜间飞行的秘密》一课为例，我们可以这样教学：

1. 复习回顾《一个豆荚里的五粒豆》，说说当时你提出了哪些问题，是就什么提问的，明确我们可以就部分内容提问，也可以针对全文的内容提问。

2. 阅读这篇课文，关注文旁以及文后提出的问题，思考这些问题是从哪些角度提出的，从而明白我们可以从不同的角度提问。

3. 结合课后第二题，教师进行小结，让学生明白：可以针对课文内容从整体或者部分提问，也可以从写法的角度提问，还可以联系实际从获得启示的角度来提问。

4. 学生细读课文，尝试着从不同的角度提出问题并交流，可以借助表格对问题进行梳理。

小组问题清单		
从内容角度提出的问题	从写法角度提出的问题	从得到启示的角度提出的问题
1. 2. 3. 4. 5. ……	1. 2. 3. 4. 5. ……	1. 2. 3. 4. 5. ……

5. 出示课后题中朱江的《它们是茎，还是根？》的片段，引导学生阅读这个片段，练习从不同角度进行提问。

6. 全班交流，梳理问题，小结收获。

综观以上的教学流程，不难发现，所有的教学环节直指提问，从复习、回顾、链接前一课学习的提问方法开始；到阅读课文关注文旁和文后的问题，发现这一课新学习的提问方法；到再次细读课文，运用新学习的方法进行提问；再到最后的借助课后练习题的文段，进行提问的拓展练习，教学的中心点始终就是提问。只有通过这样扎扎实实地学习提问，练习提问，学生才能真正掌握提问这一阅读策略。

读到这里，估计会有不少一线教师产生疑惑：这样教确实落实了语文要素，确实能够让学生掌握提问这一阅读策略，可是生字不用学习了吗？课文内容就完全不用管了吗？

策略单元的教学，我们一定要学会有所重视和有所忽视，大胆取舍教学内容，有创新地安排教学环节。还以本单元为例，识字教学是否可以集中教学？对课文内容的理解是否可以有意识地减弱？我想是可以的。

教学本单元时，我们可以在学生预习的基础上，先进行集中识字，解决学生阅读本单元课文的障碍，接下来集中力量引导学生学习提问和梳理问题。就一节课而言，我们可以先落实语文要素，引导学生学习阅读策略，等到学生切实掌握了阅读策略，这时候再拿出一些时间，对课文内容进行简单的梳理。这样有所侧重、有所选择地教学，才是教学策略单元的应然选择。

二、完整的策略单元，教得支离破碎怎么办

四年级上册第二单元包含四篇课文《一个豆荚里的五粒豆》《夜间飞行的秘密》《呼风唤雨的世纪》《蝴蝶的家》，可以说，这四篇课文各具特色。《一个豆荚里的五粒豆》是童话故事，充满了大胆奇妙的想象；《蝴蝶的家》是一篇散文，语言优美，修辞恰当；《夜间飞行的秘密》《呼风唤雨的世纪》都属于说明文，用到了不同的说明方法，用词十分精准。如果我们就一篇课文来设计一篇课文的教学，能够很好地凸显这一课独有的特点，但同时也会让每一课都显得很孤立。缺乏关联性自然就很难形成合力，单打独斗难免会显得冲劲不足；前后缺乏关联，难免会显得零散混乱。因此，我们必须从单元整

体出发进行教学设计。

- **对策：** 树立全局观念，教学设计要整体着眼，全盘规划。

我们知道，三到六年级的策略单元的编排是有内在的逻辑关系的。不同年段的策略单元都关系密切，更何况是某一个策略单元内的几篇课文呢？以四年级上册第二单元为例，分析课后题不难看出，从第一篇课文的学习针对整体或者部分内容提问，到第二篇课文除了就内容提问还可以从写法、启示的角度提问，到第三篇课文在有效提问的基础上梳理问题，再到第四篇课文的自主提问、梳理问题，这样层层推进的逻辑关系是不容忽视的。不难看出，如果没有前一篇课文的学习，就很难进行第二篇课文的学习。因此，教学策略单元的课文，我们一定要把握好编者的编写意图，准确定位每一课的教学目标，让课与课关联起来，成为一个有机的整体。

从单元整体上设计教学，我们首先要紧扣单元导语页中的语文要素，定准目标；同时，要抓住语文园地中的"交流平台"，弄清楚每一课承担的具体任务；最后，也是重点所在，要根据课后题确定每一课的教学任务，厘清这一单元中几篇课文所承担的教学任务之间的关系。这样才能更好地从整体上设计教学，体现出几篇课文之间的关联来。

我们知道，四年级上册第二单元是要教给学生提问这一阅读策略的，从交流平台和每一课的课后题中，不难发现四篇课文就提问这一阅读策略的教学关系密切，课与课之间可以说是层层推进，没有前一课的学习基础，很难顺利进行下一课的学习。因此，我们可以这样进行单元整体上的教学设计。

1. 学习本单元的生字，扫清阅读障碍。

2. 学习第一篇课文《一个豆荚里的五粒豆》，引导学生明白：阅读时一定要动脑筋思考，要敢于提出问题，积极提出问题；在学生提出问题后，教师可以组织学生对问题进行分类，引导学生明白就内容提问时，可以针对部分内容来提问，也可以针对全文内容来提问。

3. 在学生有了提问意识、能够积极提问后，学习第二篇课文《夜间飞行的秘密》时，我们一方面要引导学生巩固就内容进行提问的方法，另一方面还要引导学生发现，除了就内容提问，还可以从写作的方法、得到的启示等角度提问。当学生掌握了方法后一定要及时巩固练习，让学生掌握得更加牢固。

4. 学生学会了提问，一定要借助语境进行巩固。学习《呼风唤雨的世纪》一课时，我们就可以将这一课当作语境进行练习，让学生运用前两课学到的方法进行提问。当学生从不同角度提出问题后，我们要引导学生对问题进行梳理，梳理问题是这一课教学的重点，是新知。值得注意的是，梳理问题这一新知的学习一定要与旧知——从不同角度提问建立关联，让前后的学习贯通起来。

5. 如果说前三课的学习是学生在教师的引导下学习提问的方法，学习梳理问题的方法，那么第四篇课文《蝴蝶的家》的学习教师就要放手了，就要让学生综合运用前面学到的方法了。教学这一课，我们要放手让学生去阅读，在阅读的基础上进行自主提问，然后小组合作学习，对问题进行梳理，并尝试着解决。

这样从整体上统筹考虑，着眼全局设计每一课的教学，就能将课与课关联起来，让前一课成为后一课学习的基础，后一课成为前一课学习的提升，这样就能发挥出教学的合力来，取得更好的教学效果。

三、学生自主提问了，课堂失控怎么办

四年级上册第二单元这一策略单元要教给学生的阅读策略是提问。让学生自主提问的好处是很多的，提出一个问题的价值往往要大于解决一个问题的价值。的确，学贵质疑，小疑则小进，大疑则大进。提问能够让我们了解学生的疑惑所在，从学情出发，教学才会更有针对性，才能取得更好的效果。但回归课堂教学，特别是各级各类的公开课，让学生自主提问的却少之又少。这个很容易理解，老师们往往担心的是课堂失控，如果不让学生提问，教师就完全可以按照自己设计的问题推进教学，可以说，一切都是有备

而来，一切都在掌控之中，课堂教学流畅自然，顺利完成教学任务是顺理成章的事情。但是一旦放开了让学生提问，每个学生的出发点不同，疑惑点不同，提问的习惯不同，各种各样的问题就都出来了，问题庞杂，很难一一解答。更棘手的是，有些比较偏和比较难的问题，教师都被难倒了，不能当堂解答。为了有效避免尴尬，于是乎，学生的自主提问在课堂上越来越少。不过，这一策略单元要教给学生的就是提问，提问不可或缺，但是老师们又担心问题庞杂课堂失控，怎么办呢？

● **对策**：转变教学理念，教学方式要大胆创新，不断改进。

在以往的课堂上，我们让学生提出问题，往往会简要地记录在黑板上，然后借用这些问题进行教学。随着课文的学习，这些问题将逐一得到解决，最终，黑板上的问题会被擦去。在老师们的印象中，仿佛只有这样——提出的问题被逐一解决才算是完成了教学任务。今天，当我们教学四年级上册第二单元这一策略单元时，必须转变观念，清醒地认识到提问的作用和价值。这一单元要教给学生的就是提问，那就得让学生敢于提问，积极提问，就得让学生学会从不同的角度提问，并对问题进行梳理。不难发现，这一单元的教学聚焦的是提问，并没有要求解答问题，也就是说，这一单元的教学任务是教会学生提问，并非解答提出的问题，因此，我们一定要正确定位教学目标。同时，还应当转变教学理念。既然要让学生大胆提问，自主提问，就要悦纳学生所有的提问，不能以自己的喜好或者所提问题是否与预设有关而做出价值高低的判断。只要学生开动了脑筋，进行了思考，经历了提问的学习过程，都是值得肯定的。当学生的主动性调动起来后，再加以引导，教给学生一些提问的方法，这样就能更好地达成教学目标。

教给一些方法。提问是需要方法的，只有掌握了正确的方法，提问才会更有质量。四年级上册第二单元的几篇课文，每一课在提问方法上都是有所侧重的。以《夜间飞行的秘密》一课为例，课后题通过示例的方式非常直观地告诉我们，既可以根据课文内容来提问，也可以从写法的角度提问，当然了，还可以联系实际，从得到的启示的角度来提问。教学这一课时，我们就要引导学生分析文旁和文末的问题，结合课后题，发现提问的角度。当学生掌握了从不同角度提问这一方法后,他们再提问时就不会指向过于集中、内容过于单一了,这样提问的质量自然就更高了。当学生掌握了提问的方法后,我们一定要提供语境,让学生运用方法,通过实践提高提问的能力。一方面,我们可以用课文当作语境,让学生默读课文,进行思考,从不同的角度进行提问;另一方面,还可以借助课后给出的片段,让学生再次实践,从不同的角度进行提问。

采用一些方式。一节课的时间是一个定数,并且很有限,而一个班的人数很多,少则四五十个,多则六七十个,有限的时间里怎样才能让更多的学生提问呢?我想,传统的方式肯定是难以满足现有的教学需求的,我们必须革新方式。以往我们更多采用的是指名学生提问的方式,教师把相关的问题记录在黑板上,这样在课堂上提问的是极少数学生,而且很可能是班级里发言积极的优生,更多的孩子只是看客,没有提问的机会,甚至有些学生连思考的过程都没有经历完就被带入到了下一个教学环节。这一单元教学的重点就是要让学生进行提问,因此我们要为更多的学生,不,应该说是所有的学生创造机会,让他们同样扎扎实实地经历提问的过程。小组自主学习、小组合作学习以及全班的分享交流就显得特别重要。首先,在教给学生提问的方法后,我们可以让学生静下心来读课文,自主提问,将问题记录下来;接着进行小组交流,这样一个小组只有四个人,每个人都有机会展示自己提出的问题;最后进行全班分享,教师适时点拨,总结提升。采用这样的教学方式能够让每一个孩子都切实经历读书思考、提出问题、交流分享的过程,这样的学习才能取得更扎实的效果。

借助一些工具。以往的教学过程中,我们会让学生在课前预习时将自己的问题记录在课本上,课堂上进行交流时,会让学生口头提出自己的问题,教师在黑板上做简要的记录。这样做没有问题,但放到这一单元中,就不那么合适了,毕竟这是一个专门教给学生提问策略的单元,我们一定要更多地给学生提问的机会,让更多的学生经历提问的过程。除了分小组让更多的人参与提问外,我们还应当借助即时贴这一简单易行的工具帮助学生提高学习的效率。教学时,我们不妨为学生分发即时贴,最好用的要算一小条一小条的那种即时贴了。每个孩子都可以把自己的问题写在即时贴上，这样等到梳理问题时就简单了，无论是要将问题按照从内容、写法、启示的角度进行梳理，还是要分辨哪些问题是需要当堂解决的，哪些问题是可以暂时搁置的，学生需要做的只是轻轻地撕下来，再粘贴上去，不用重复抄写，避免了不必要的时间浪费。

四、学生能够提出问题，但很多并不是真问题怎么办

其实，引导学生提问并不是什么全新的领域，过去的教学中我们也时常会引导学生提问，不过那时的提问大都是为了帮助学生理解课文内容的，并没有系统地培养学生提出问题、梳理问题、解决问题的能力，甚至，有时候仅仅就是为了提问而提问。比如教学《将相和》一课，不少教师都会让学生根据课题提问，学生们很配合，并且表现得非常踊跃：课文中的"将"是谁？"相"又指谁？六年级的学生，预习了课文，怎么会不知道"将"和"相"分别是谁？但是因为老师让提问啊，于是学生就很配合地提问了，这样的问题算不上真问题，当然也就没什么价值了。习惯了以往教学方式的教师和习惯了配合教师提问的学生，在学习提问这一策略单元时，很可能依然很"套路"，这样提出的问题极有可能就不是真问题。

- **对策**：激发学生思考，教学引导要轻松自然，层层推进。

子曰："不愤不启，不悱不发。举一隅不以三隅反，则不复也。"启发学生，我们讲究时机，引导学生提问也是同样的道理，也要讲究火候问题。要想让学生提出真问题，我们就要注意教学的引导，有意避开不必要的误区，少用套路，以免掉进模式化的窠臼中。

以《夜间飞行的秘密》一课为例，开课时可以这样引导学生进行提问：

1.同学们，曾经雷达是个挺高科技、神秘的事物，不过今天它已经来到了我们的身边，走进了我们的生活，说说看，你身边的哪些事物就用到了它？

2.再看看蝙蝠，大家了解吧？这可是一位夜行者，总在夜晚出没。在漆黑的夜里，如果没有手电筒，我们估计就要不断碰壁了，也许鼻子都被碰得又扁又平了，但是蝙蝠却从来都不会撞到其他事物，好神奇啊！

3.刚刚我们聊到了雷达，也聊到了蝙蝠，你有什么问题要问吗？来，给大家一点儿时间，动笔把自己想问的问题写下来。

我们知道，一个人只有在最放松的状态下才最有创造力。一开课，跟学生从生活聊起，交流生活中使用雷达的产品，当学生想到自己的玩具汽车，或者家里的小轿车时，一定会有话可说。轻松的聊天让每个人都不再紧张，感受到课堂就是对话交流的地方，可以分享收获，当然提出问题也是自然而然的事情。课堂上，如果还能适当地幽默一下，会让学习的氛围更加宽松，这里教师有意谈到碰壁的问题，甚至通过动作让学生形象地看到碰壁的情景，课堂上的会心一笑能够让氛围变得轻松、融洽。当学生完全放松下来后，这时候的提问就会发自内心深处，就会提出自己最想知道的真问题。

教学这一课时，我们还可以有意地创设认知冲突，将学生引向矛盾处，让学生深入思考，从而提出最想知道的真问题。

1.同学们，课文写到了几次实验？分别在哪几个自然段？
2.出示课文第四自然段和第五自然段，学生自由读。
3.这个作者是个偏心眼，大家发现了吗？第一次实验，作者用了六行来写，多么清楚啊！可是第二次和第三次实验呢？数数看，加起来也就三行半，看到这里，我想大家一定有问题想问，来，大胆地提出你的问题吧！

真正有价值的问题一定是经过思考之后提出来的，一定是经受认知冲突的困惑后提出来的，这样的问题才有探究的价值。这里就是在有意将学生引向认知冲突处，从而让学生产生困惑，进行思考，提出真问题。

五、学生提出的问题挺多，但关注写法的太少怎么办

常有家长疑惑：我家的孩子看的书不少，为什么写的作文还是不好？其实这个并不难理解，小学生阅读，常常关注的是故事情节，是内容，很少有人会关注文中的好词佳句，关注作者的表达方法。回到策略单元的学习，是同样的道理，以四年级上册第二单元为例，要让学生提问，学生自然会习惯性地从内容的角度或者启示的角度来提问。于是，老师就着急了，不仅要从内容的角度、启示的角度提问，还要从写法的角度提问的，可怎么几乎没有人从写法的角度提问呀！这并不是学生的有意对抗，而是他们的习惯和能力使然。他们习惯于从内容的角度发问，还不会从写法的角度提问。况且，课堂上，老师们所提出的问题，百分之八九十以上都是针对内容而问的，都是帮助学生理解课文的。这样的耳濡目染，学生的提问偏向于内容就不难理解了。

- **对策**：注重实践练习，教学指向要清晰明确，适度聚焦。

小学生提问侧重于内容方面，这与学习习惯和能力都有关联。要让学生学会从写法的角度提问，一方面要多加练习，优化提问的习惯；另一方面要教给学生从写法角度提问的方法，让他们学会提问。

首先，要培养学生对语言文字的敏感，引导学生紧扣重点字词进行提问。作为语文教师，你是否发现自己特别容易找到错别字，即便走到大街上，都不会轻易放过广告牌。对的，这就是对语言的敏感；你是否发现自己很容易发现别人表达中的错误——用词不妥帖，前后搭配不恰切。如果学生也能对语言文字更加敏感的话，从写法角度提问就不再那么难了。

以《呼风唤雨的世纪》一课为例，教学时可以有意呈现出带有关键字词的语句，引导学生聚焦重点字词句，进行提问。

当我们出示句子"正是这些发现和发明，使人类的生活大大改观，其改变的程度超过了人类历史上百万年的总和"时，学生读后很快就会聚焦到"发明"和"发现"这两个关键词上，这是一组近义词，有相同之处，但又有着明显的区别，作者为什么不删除其中一个让表达更简洁呢？你看，问题

是不是呼之欲出了？

当我们出示句子"20世纪的成就，真可以用'忽如一夜春风来，千树万树梨花开'来形容"时，学生通过朗读一定会聚焦到句中引用的诗句，问题自然也就产生了：作者为什么要引用诗句来写，这样写有什么样的好处？

我们不难发现，当我们把带有重点词句的段落呈现在学生眼前时，通过朗读，学生还是能够聚焦到重点词句上的，紧扣重点词句是能够提出关于写法方面的问题的。不过，我们更应该清楚的是，毕竟从写法角度提问是有一定难度的，学生的基础是比较薄弱的，是缺乏良好习惯的，因此要尽可能地做到由浅到深，由易到难，从扶到放。

其次，引导学生从表达的特殊处，从写法的典型处进行提问，提出跟写法相关的问题。同样以《呼风唤雨的世纪》一课为例。我们可以出示句子：是谁来呼风唤雨呢？当然是人类。靠什么呼风唤雨呢？靠的是现代科学技术。学生通过朗读很容易发现作者一问一答的写法，为什么要用设问的方法，有哪些好处？这样关于写法的提问自然就产生了。

还可以出示句子：20世纪，人类登上月球，潜入深海，洞察百亿光年外的天体，探索原子核世界的奥秘；20世纪，电视、程控电话、因特网以及民航飞机、高速火车、远洋船舶等，日益把人类居住的星球变成联系紧密的"地球村"。读这段话，我们对20世纪的变化会有很清晰的认识，为什么？因为作者运用了举例子的说明方法。我们还可以有意引导学生：20世纪的变化大不大？从字里行间你一定感受到了，关注写法，你有什么问题要问吗？这样学生就很轻松地提出了关于写法的问题。

面对新鲜的策略单元，我们的教学还需要不断探索。发现问题，遭遇困惑都不可怕，只要我们能够深入思考，大胆实践，一定能够拨开迷雾，找到正确的方向，探索出有效的方法来。

紧扣重点词，学会有效质疑
——《呼风唤雨的世纪》教学实录

一、导入新课，引发思考

师：同学们，这节课上课前，王老师先请大家看一组图片，第一张，认识这是谁吗？

生：千里眼，我在《西游记》里看过。

师：他最大的特异功能是什么？

生：千里眼可以看到千里之外的东西。

师：再看看第二张图片，这个人是——

生：顺风耳。

师：谁来介绍一下他？

生：顺风耳的听力特别好，顺着风就能听到很远的地方的声音。

师：你的意思是如果不刮风估计就听不到了？

（众笑。）

生：也不是。我是说他能听到很远的地方的声音。

师：我们再来读一读这个词——

生：腾云驾雾。

师：什么是腾云驾雾？

生：在云上走着，在雾里奔腾着，速度特别快。

师：读到这个词你想到了哪个神仙？

生：太白老君，他经常踩着一朵祥云就来了。

生：我想到的是孙悟空，他一个筋斗云就是十万八千里。

师：我们再来看一个词，大家一起读出来。

生：呼风唤雨。

师：有没有想到谁？

生：我想到了风婆。

生：我想到了雨魔。

生：应该说雨神。

师：刚刚我们说到的全都是神仙，他们能做到很多人类无法做到的事情，因此古代人民也经常借用这些神仙来寄托自己美好的愿望。如果王老师告诉你，我也有千里眼、顺风耳的本领，也能腾云驾雾，你们信不信？我如果还告诉你，离我最近的这位同学也能做到，包括你也能做到，你信不信？

（学生有的说相信，有的说不信。）

师：爸爸到上海出差打电话给你，你能听到这千里之外的声音吗？

生：能。

师：妈妈出国了，通过监控能看到你在家的表现吗？

生：能。

师：乘坐飞机，四周都是云雾，有没有腾云驾雾的感觉？

生：有。

师：这个世界就是这么奇妙，曾经只有神仙才能做到的事情，今天我们都可以做到了。随着科技的不断发展，呼风唤雨已经不再是件艰难的事情了。今天我们就来学习这篇文章《呼风唤雨的世纪》，看老师写课题，请同学们注意看，这个"呼"字和"唤"字一样，都是口字旁。

（教师板书课题，学生齐读。）

师：这里有一个词叫"世纪"，谁知道什么是"世纪"？

生：100年就相当于一个世纪。

点评：课前谈话中利用学生熟悉的神仙人物并结合图片，帮助学生理解了千里眼、顺风耳、腾云驾雾、呼风唤雨等词语，同时引出课题，顺便解释了"世纪"一词。开头部分设计得很是用心，效率很高；教师组织的导语与课文内容紧密结合，十分自然地引出课题。课题中的"唤"是生字，也是要求学生书写的字，教师板书时特别提醒了。"唤"字的书写难点是倒数第二笔长撇，教师如果能针对这个书写难点提醒一下更好。

二、紧扣重点词，学习提问策略

1. 层层深入，发现提问方法

师：同学们，这一课的题目是"呼风唤雨的世纪"，呼风唤雨，这个世纪的变化该有多大呀！都有哪些变化呢？打开课本，请你认真地读一读这篇文章，注意把字音读准确，同时画出这个世纪中的发明和发现。

（学生默读课文，思考勾画。）

师：刚才你们都读得非常认真，谁来读一读屏幕上的句子？

（出示句子，学生读。）

师：刚刚这位同学读的是课题、第一自然段以及第二自然段前面的几句话，有没有同学发现，在这段话里有一个词绝对是重点，谁来说说看？

生：我觉得是"呼风唤雨"。

师：说说你是怎么想的？

生："呼风唤雨"这个词反复出现，肯定很重要。

生：加上课题中的，"呼风唤雨"这个词一共出现了四次。刚才我们读的只有短短四行话，可是这个词就出现了四次，肯定重要。我们经常说，重要的事情说三遍，人家都说四遍了。

师：说得非常好。面对这么一个重要的词，我们肯定不能轻易放过它，那该怎么办呢？

生：我们可以用一个特殊的符号把它标记出来，比如画个重点符号。

师：把它标记出来是个不错的方法。

生：我们在朗读的时候还可以重读这个词。

师：重读法，不错。你来试着读给大家听。

（该生读，强调"呼风唤雨"。）

师：大家听出来了吧，他强调的是——

生：（齐）呼风唤雨。

师：面对这个非常重要的词语，还可以怎么做？

生：可以理解它的意思，在旁边写出来。

师：那谁来说说"呼风唤雨"的意思？

生："呼风唤雨"原指神仙道士行使刮风下雨的法术，现在比喻能够支配自然，有时也比喻反动势力的猖狂活动。

师：我想问问，你刚才说了两个意思，在这儿你选哪个意思？

生：我选能够支配自然这个意思，就是说有很大的本领，大有作为。

师：把重点的词语画下来，并且重读了，理解了意思，很好。我们还可以怎么做？

生：可以针对"呼风唤雨"提一些问题。

师：抓住重点词语提出问题，这个主意很好。在刚刚我们读的这段话中作者就提了两个问题，谁发现了？读给大家听一下。

生：是谁来呼风唤雨呢？靠什么呼风唤雨呢？

师：你还能提出什么问题？

生：为什么要呼风唤雨？

生：怎么样呼风唤雨？

师：同学们，我们抓住重点词，可以画下来、重读、理解意思，还可以根据重点词提出问题，这样的学习方法非常好。编者也是这样做的，他提出了问题，并且批注在了旁边。谁把编者的问题读给大家听？

生：为什么说20世纪是一个"呼风唤雨"的世纪呢？

师：大家都清楚了，以后遇到重点词我们可以怎么办呢？

生：除了勾画、重读、理解意思，还要学会抓住这些重点词来提问，帮助我们更好地阅读。

点评：这个环节指导学生抓住以重点词提问的方法。教师出示课题和课文开头几句话，先帮助学生发现句子中的"呼风唤雨"这个重点词语，然后利用课文里提出的问题和课文旁批中编者提出的问题，引导学生抓住关键词语提问，在提问实践中体会并学习抓住重点词语提问的方法。其实抓重点词只是提问方法之一，过于强调反而会限制学生的思维。比如这几句话如果不拘泥于"呼风唤雨"这个重点词，可以引导学生从更多的角度提问，比如"课文为何要连用两个问句，并且自问自答，这样表达有什么作用？""课文第一段为何要单独成一段？"等，这样的指导是否对学生多角度提问更有价值？

2. 从扶到放，运用方法提问

师：同学们，抓住文中的重点词提问这个方法的确特别好，要做到这一点，首先得找到关键词才行。屏幕上出示的是课文中的两段话，这两段中都有重点词，你们自由读一读，看能不能找到重点词？（出示两个段落。）

（1）在20世纪100年的时间里，人类利用现代科学技术获得了那么多奇迹般的、出乎意料的发现和发明。正是这些发现和发明，使人类的生活大大改观，其改变的程度超过了人类历史上百万年的总和。

（2）那时没有电灯，没有电视，没有收音机，也没有汽车。人们只能在神话中用"千里眼""顺风耳"和腾云驾雾的神仙，来寄托自己的美好愿望。

（学生默读思考。）

师：我们先来看看第一段话，你找到的重点词是什么？

生：我画的是"发现"和"发明"。

师：为什么？说说你的想法。

生：因为这两个词是近义词，很像，而且在这段话中还出现了两次。

师：挺有道理的。来，读一读这两个词，再读一读这段话，强调一下这两个词。

（学生读词语和这段话。）

师：刚才我们说了，面对这么一个重要的词不能放过，那就来提问吧。

生：在20世纪，人类发现了什么？发明了什么？

生：人类是怎么发现的？怎么发明的？

生：是谁发现和发明的？

点评：教师设计"从扶到放"这个环节用心是好的，先指导再实践，符合学生的认识规律。需要讨论的还是重点词语。一个学生抓"发明、发现"当然不错。但是如果有学生抓住"奇迹般的、出乎意料的"提问，难道就不可以？如果还有学生抓住"改观"和"改变"来提问，"这两个词语的意思有何不同，能不能交换？"那么老师应该大大表扬，因为这个学生关注到了近义词细微的差异，如何准确应用词语，这是非常难能可贵的。其实，每个人提出的问题大多是不同的，提问角度不同，所抓的重点词语就不一样。所以这处提问实践环节，如果教师不过度强调抓重点词语，而是让学生充分思考，大胆提问，这样对培养学生提问能力更加有效。

师：特别好，大家根据重点词提出了不少问题，值得表扬！我们再看看第二段话，你画出的重点词又是什么？

生：我画的是"千里眼"和"顺风耳"。

师：王老师把这两个词写在了黑板上，但好像不是很完整？

生：还应该加上引号。

师：来，我们读读这两个词，再读读这段话。

（学生读词语和句子。）

师：这位同学，你刚刚画出了"千里眼"和"顺风耳"这两个词，为什么？

生：因为这两个词很特别，加着引号。

师：的确，这些很特别的词语值得我们关注。来，紧扣这两个重点词提出你的问题吧!

生：为什么要加引号？

生："千里眼"和"顺风耳"过去指什么？现在又指的是什么？

师：同学们掌握了抓住关键词进行提问的方法，很好，提出的问题也很有价值。下面就请同学们再读课文，仔细地读课文，用心地思考，看看还会提出哪些问题？同学们可以运用刚刚学到的抓重点词提问的方法，也可以用前面学到的其他方法来提问。开始读书，提出自己的问题吧。

（学生细读课文，思考，提出问题，写在问题清单中。教师巡视指导。）

点评：教师出示两个语段引导学生提问，好处是目标集中，便于集中指导，但是缺点也很明显——教师发现问题的视角往往和学生不同，教师认为可以提问的语段并非每一个学生都能提出问题。因此，许多学生是在揣摩猜测教师希望自己提出什么问题，而不是阅读时发现的真问题。质疑提问是一种创造力的培养，绝对不可统一思想、统一认识、统一步调，切忌统得过死，要鼓励学生发现不同的重点词语，更要鼓励学生在文章的不同之处提出不同的问题，这样才能真正有利于培养学生提出问题的能力。

三、学习梳理问题，尝试解决问题

1. 紧扣课后题，发现梳理问题的方法

师：同学们，我们提出问题后还要学会梳理问题，该怎样梳理问题呢？来看看课后题对我们有哪些启示？（出示课后第二题。）

生：我们可以把小组几个人的问题整理在小组问题清单内。

师：非常好！那如果遇到组员的问题有相同的怎么办？

生：只留一个就可以了。

师：再看看，还有什么启示？

生：我们应该分析一下小组提出的问题，有些问题不影响对课文内容的理解，就可以先不管它。

师：你们的发现非常有价值。来，看看你们小组提出的问题，哪些是可以暂时不管的？哪些是要重点解决的？

生：我们准备先不管的问题是：是谁来呼风唤雨呢？靠什么呼风唤雨呢？因为这两个问题课文中已经给出了答案，可以不用回答了。

生：我们组准备删除的问题是：天体是什么？远洋船舶是什么？我们觉得这两个问题跟课后题中的"什么是程控电话"一样，都不影响对课文的理解。

师：非常好。这些不影响理解课文的问题，我们可以暂时不管。那你们觉得哪些问题很重要，能够帮助我们理解课文内容，或者能够引发我们的思考，需要解决呢？

生：作者为什么要用"忽如一夜春风来，千树万树梨花开"来形容20世纪的变化？

生：发明和发现有什么不同？

生：为什么说我们这个时代不同于以往的任何一个时代？

生："千里眼"和"顺风耳"在现代指什么？

生：为什么作者说我们生活的世界是个"地球村"？

生：随着科学技术的发展，人类的社会还会有哪些变化？

点评：学生提出的问题五花八门，有些问题有价值，有些问题价值不大，因此这里的问题梳理很有必要。特别是让学生明白哪些问题对深入理解课文有帮助，哪些问题可以引发深入的思考，这样可以提高学生提出问题的质量。最后教师引导学生一起梳理这堂课提出的"哪些问题很重要，需要解决呢？"，引导学生联系刚刚提出的问题进行辨识，这样的讨论非常有效。建议这里设计成小组合作讨论，它可以让每个学生都能主动参与，可以顾及每个学生提出的问题，效果应该会更好。

2. 聚焦重点问题，读中尝试解决

师：表扬所有的同学，大家提出的问题非常有价值，这说明大家认真思

考了。刚刚我们提出了六个很有价值的问题，不过一节课时间有限，不可能把所有的问题都解决了，让我们先来解决其中的两个问题。第一个问题：发明和发现有哪些不同？要解决这个问题，我们要好好读读课文的第四自然段，请同学们仔细读读这段话，想想这段话中写到的哪些属于发明，哪些属于发现？

（学生读书思考，然后交流。）

生："发明"的是程控电话、因特尔网以及民航飞机、高速火车、远洋船舶等。

师：对，这些以前没有，后来产生了，这就是发明。发现的有什么呢？

生：百亿光年外的天体，原子核世界的奥秘。

师：这些一直存在，不过之前并没有被人类找到。现在明白发明和发现的区别了吧？

生：明白了。

生：我知道了，要解答问题，一定要好好读课文。

师：非常好。我们不仅要读书，还要联系生活来思考。刚刚大家还提到"千里眼"和"顺风耳"的问题。结合这段话，联系生活，谁来说说生活中的什么就是"千里眼"和"顺风耳"？

生：我觉得电视、报纸、网络都是千里眼、顺风耳。比如之前四川的地震，我就是通过电视新闻知道的。

师：很好！了解千里之外发生的事情，网络、报刊、电视、广播都可以说是我们的"千里眼""顺风耳"。

点评：这个板块设计了两个内容：梳理学生提出的问题，指导学生解决问题。前一个内容结合本单元语文要素，后一个内容与本单元语文要素无关。建议删去解决问题这个内容，引导学生针对课文中其他内容继续提问，然后梳理交流。通过反复提问实践，可以让学生对如何提出有质量的问题获得更加深切的认识和体会。

四、关注表达方法，质疑解疑中落实语用

师：同学们，我们提问的时候，不仅可以就课文内容提问，还可以就作者的写作方法提问。再读读这段话，大家看看写法上有什么特点，可以提出什么问题？

（学生默读思考，提出问题。）

生：这段话在表达上很有特点，有一个词语反复出现。我可以提一个问题——作者连着用了好几个"没有"，这样写有什么好处？

师：是呀，作者用了那么多"没有"来写百万年前的生活，到底想表达什么呢？

生：想表达当时的科技很不发达。

生：想写出过去和现在的差距很大。

师：这种方法真不错，我们也来用一用。同学们想想看，那时候除了没有课文中写到的电灯、电视机等，还没有什么？如果让你来写，你会怎么写？

（学生思考，动笔写，教师巡视，写好后交流。）

生：那时候没有电脑，没有冰箱，没有空调，也没有高铁，人们只能在神话中用"千里眼""顺风耳"和腾云驾雾的神仙，来寄托自己的美好愿望。

生：那时候没有冰箱，没有洗衣机，没有高德导航，人们只能在神话中用"千里眼""顺风耳"和腾云驾雾的神仙，来寄托自己的美好愿望。

生：那时候没有微波炉，没有电暖气，没有按摩椅，人们只能在神话中用"千里眼""顺风耳"和腾云驾雾的神仙，来寄托自己的美好愿望。

师：同学们再想想，现在有了什么？请同学们联系生活来写一写。

（学生思考，动笔写，教师巡视，写好后交流。）

生：现在有了火车，有了高铁，有了飞机，太棒了！

师：他情不自禁地加了三个字"太棒了"，还有一个感叹号。我采访一下这位同学，如果把感叹号换成一个表情，你会选什么表情？

生：笑脸。

生：剪刀手。

生：狂笑。

生：破涕为笑，激动不已！

师：人们靠着科技对世界进行了那么多的改变，原来没有的，现在都有了，原来不方便的现在方便了，所以说这是一个——

生：呼风唤雨的世纪。

师：相信课文学到这里，大家对呼风唤雨一定有了更深入的理解。同学们，这节课我们提了不少问题，但是时间有限，只解决了两个问题，其他问题下节课继续探讨解决，就用这节课学到的方法来解决。同学们，科技发展正在改变着我们的生活，我推荐大家读一读《不可不知的科技发明》这本书，了解更多的发明与发现。这节课就上到这里，下课。

点评：最后安排了两次书面表达练习，先是模仿课文"没有—没有—没有……"的句式，再是用"有了—有了—有了……"写句子。利用课文创设情境增加学生表达练习机会，可以有效地提高学生的书面表达技能。其实语文课只要时间允许，这样的练习设计值得提倡。当然，对于四年级学生来说，这样的仿句练习难度过于简单。如果以"20世纪是一个呼风唤雨的世纪"为开头，让学生用具体的事实举例说明清楚，可以用课文中的例子，也可以举身边的例子，是否更适合四年级学生的表达水平？当然，这只是一种设计，还可以有更多、更巧妙的设计。

总 评

这个单元的语文要素是"阅读时尝试从不同角度去思考，提出自己的问题"。王老师的这个案例紧扣这一要素设计教学过程，与教材编写意图完全相匹配。整个提问指导过程，先是示范指导，再是出示典型句子引导学生实际操练，最后以课后问题清单为例指导学生梳理自己提出的问题，提高学生的提问质量意识。一步一步设计得很有条理，也符合学生的认识规律。

在训练学生提问以后，王老师还挤出非常宝贵的教学时间引导学生当堂两次动笔写话，着眼于提高学生的书面表达能力，尽管设计的表达练习稍显简单，质量有待提高，但是在阅读教学课上增加学生表达练习的机会，这样的教学意识是非常值得肯定并应该大力提倡的。

当然，还有一些值得商榷的问题。

如何指导学生有效地提出问题，老师试图用抓住重点词的方法，试图教会学生学会一种提问的方法。其出发点是好的，抓重点词提问也不失为一种有效的提问方法。但是从课堂教学实际分析，这样的提问对学生制约很大。我们看学生几次提出的问题：第一次提问"为什么要呼风唤雨？""怎么样呼风唤雨？"第二次提问"在20世纪，人类发现了什么？发明了什么？""是谁发现和发明的？"第三次提问"'千里眼'和'顺风耳'过去指什么？现在又指的是什么？"学生提的这些问题在课文中几乎都能找到答案，都是为提问而提问，并非学生阅读中产生的真问题。其实，"重点词语"是一个模糊概念，教师抓的重点词语和学生抓的重点词语往往不一样，不同的提问视角所抓的重点词语也不会相同，不应定于一尊。本单元语文要素提出"阅读时尝试从不同角度去思考，提出自己的问题"，教师应该从不同角度去着力引导，特别是从语言表达的角度去引导学生提问，去咬文嚼字，这样可以极大地提高学生阅读的质量。所以，教师是否可以在"不同角度思考"上着力，通过示范、实践、梳理、评价等手段，引导学生从不同角度提出创造性的问题？

要处理好基础性教学目标与发展性教学目标的关系。统编教材明确了每篇课文的语文要素，教师的教学设计往往容易聚焦在语文要素的落实上，这当然不错，但因此而忽视字词教学、课文朗读等每篇课文必须落实的基础性教学目标，这是极不可取的。这篇课文要求认识12个生字、会写14个常用字，课文中存在着大量的有新鲜感的词语和句子，这些都是每篇课文必须落实的基本教学任务。从这个角度分析，此课例在识字写字、朗读课文特别是读熟课文、内化课文语言培养学生语感等方面还亟须强化意识。于永正老师将这些内容视作是每篇课文教学的保底过程，必须落实到位。

点评：吴忠豪（教育部"国培计划"小学语文
示范性培训项目首席专家）
单位：上海师范大学

附　录

《呼风唤雨的世纪》磨课后再设计

［教学目标］

（1）学会本课的生字，能够正确、流利地朗读课文，了解课文内容，感受科技发展带给人类生活的巨大作用。

（2）继续学习提问，逐渐养成提问的习惯，同时初步掌握梳理问题的方法，能够抓住有价值的问题进行探索。

（3）能够发现本课在语言表达上的特点，并尝试着进行语言表达。

［教学过程］

一、谈话导入，揭示课题

（1）出示图片：千里眼、顺风耳的图片。认识他们吗？说说他们有什么本领？

（2）出示词语：腾云驾雾、呼风唤雨。学生读词语，说说看到这两个词想到了谁？

（3）揭示课题并板书，指导学生书写生字"唤、纪"。"唤"字注意写好最后一笔长点，"纪"字注意右边不要写成"已"。

二、学习生字，复习提问方法

（1）自由读课文，注意读通句子，读准字音。

（2）认读词语。

  依赖　　　物质　　　哲学

  潜入深海　探索奥秘　远洋船舶

（3）出示第一、二自然段，让学生在语境中认读"呼、技、获"等生字。

（4）复习前两课学到的提问方法：可以针对全文提问，也可以针对部分内容提问；可以针对内容提问，也可以就写法、获得的启示提问。

（5）引导学生运用提问方法就第一、二自然段提出问题，将问题贴纸贴在问题清单上。

我的问题清单	
问题 1	
问题 2	
问题 3	
……	

三、引导提问，落实语文要素

1. 向课文学习提出问题的方法

（1）再读课文第一、二自然段，对照旁边编者提出的问题，你发现编者提出问题时采用的是什么方法？

（2）小组讨论，交流。

（3）教师小结：作者紧扣的是反复出现的重点词语，或者意思相近的词语来提问的。紧扣重点词是一种非常有效的提问方法。

（4）自己读一读课文第三、四、五自然段，可以用前两课学到的提问方法，也可以用今天学到的紧扣重点词提问的方法，将问题写在问题贴纸上。

（5）小组合作学习，完成小组问题清单，注意合并相同的问题。

小组问题清单一	
问题1	
问题2	
问题3	
问题4	
问题5	
问题6	
……	

2. 向课后题学习梳理问题的方法

（1）出示课后第二题，引导学生观察，看看有什么发现？

（2）小组交流说说自己有哪些发现？

（3）引导学生小结：有些问题不影响理解课文，可以暂时搁置；有些问题能够帮助我们理解课文内容，或者引发我们深入的思考，要重点解决。

（4）下面进行小组合作学习，请各小组梳理本组提出的问题，合并相同的问题，将暂时可以搁置起来的问题和重点要解决的问题分别贴在下面的表格中。

小组问题清单二	
暂且搁置的问题	重点解决的问题
1. 2.	1. 2.
3.	3.
……	……

（小组合作学习，梳理问题，填写表格。）

3. 关注表达，落实语用

（1）同学们，20世纪是一个呼风唤雨的世纪，这篇说明文中，作者为了说明这一点，举了很多例子，我们一起读一读。

（2）我们的生活的确发生了很大的变化，科技发展正在改变着我们的生活方式，请你试着结合自己所了解的科技发展变化，来举例子写出20世纪的变化。

出示：20世纪是一个呼风唤雨的世纪。20世纪，_____。20世纪，_____等，日益把人类居住的星球变成联系紧密的"地球村"。

（3）学生动笔写完后进行交流。

四、总结及作业

（1）同学们，这节课我们提出了不少有价值的问题，下节课继续学习课文，尝试着解决问题，相信在提问、梳理、解答的过程中，大家会对这篇文章有更深入的理解。

（2）在新的世纪里，现代科学技术必将继续创造一个个奇迹，不断改善我们的生活。如果你还想了解更多，推荐大家阅读《不可不知的科技发明》《改变我们的生活方式：人工智能和智能生活》等书籍。

[磨课体会]

2019年秋季，统编教材全面铺开，特别是四至六年级的教材，与老师们第一次见面，大家既会因为新鲜而充满好奇，但同时也会因为陌生而感到手足无措，特别是面对教材中全新的策略单元更是不知道该如何着手去教。

《呼风唤雨的世纪》是一篇老课文，曾出现在人教版四年级，今天，这篇课文再次出现在统编教材四年级上册第二单元中，同一篇课文，但由于承担着不同的教学目标，其教学价值已然发生了巨大的变化。从第一次进行教学设计、试教到再次修改、试教，完成教学实录，可以说，随着磨课的深入，我对统编教材的认识，特别是对策略单元的认识也逐渐清晰了起来。近日，吴忠豪教授对我的这一课进行了点评，细细品读吴教授的点评意见，我对策略单元的教学又有了更为深入的认识，这种豁然开朗的感觉令人欣喜。

关注语文要素，但不唯语文要素。双线组元是统编教材最大的亮点，语文要素的明确提出给了语文教师强有力的抓手。以语文要素为核心目标组织教学成为众多语文教师共有的认识。教学这一课，我也是紧扣"阅读时尝试从不同角度去思考，提出自己的问题"这一语文要素进行教学的。无论是前面教给学生抓住重点词进行提问，还是后面的放手让学生综合运用前面学过的方法从不同的角度提出问题，甚至是到最后的问题梳理，聚焦重点问题，都紧紧扣住了这一单元的语文要素，引导学生学习提出问题这一阅读策略。当我细细品读了吴教授的点评后，突然明白了，语文要素固然重要，但关注语文要素并不意味着唯语文要素，其实，作为语文教材中的课文，它还承载着识字写字、朗读体会、语言积累与运用等重任。教学这一类策略单元的课文，我们要紧扣语文要素，适度凸显阅读策略。识字写字、内容理解、语言的积累与运用等方面的教学可以适度弱化，但绝不能置之不理。在两者的相融相生中适度凸显语文要素，这才是我们教学策略单元应有的态度。

注重教师引导，但不忘以学生为主体。的确，阅读策略单元就是要教会学生阅读的有效策略，但这并不意味着课堂是教师的"一言堂"，也不意味着教师要始终牵着学生向前走。一线教师总有一种担心，仿佛自己讲得不够多，学生就学不会；缺乏了自己的牵引，学生就会迷失方向。看完吴教授的点评，再细细品读自己的教学实录，确实，很多时候自己还是没有放开，总想牵着学生一步一步扎实前行，而实际上，这种不放手很可能会羁绊学生的思维，让他们不能更自由地提问、更大胆地思考。确实，很多时候自己还是有些着急，总想更快地看到答案，而实际上，没有了扎实的自主思考与充分的小组交流奠基，课堂上急匆匆进行的全班交流极有可能就成为优等生的风采展示会。课堂一定是每一个孩子的课堂，学习过程是每一个孩子必须亲历的。课堂教学需要教师的引导，但是更要谨记，学生才是课堂的真正主人，唯有学生的深度参与，课堂上的学习才有可能真正发生。

在质疑解疑中提升语文素养
——《蝴蝶的家》教学实录

一、导入新课,提出问题

师:同学们,今天上课前,王老师给大家带来了几张动物的图片,大家看看,第一张是哪种动物?它的家在哪里?

生:蜜蜂,它的家在蜂巢里。

师:你说得特别好,表达得很清楚。我们继续看——

生:这个是蚂蚁,它的家在蚁穴里。

师:很好,继续看——

生:这是燕子,燕子的家在屋檐底下。

师:下面这个小动物,它的家又在哪里呢?

生:蜗牛。蜗牛的家在壳里。

师:太有意思了,它的家是随身携带的,真方便。看到下面的动物,你想问什么问题?

生:蝴蝶的家在哪里?

师:我们大胆地猜测一下吧!

生:蝴蝶的家在草丛里面。

生:蝴蝶的家在花丛中间。

生:蝴蝶的家在树枝上。

生：蝴蝶的家在泥土里。

生：蝴蝶的家在树叶子里。

师：大家有很多猜测，蝴蝶的家究竟在哪里呢？今天我们就来学习这篇文章《蝴蝶的家》。看老师写课题。我们一起来读课题。

点评：这个导入的设计看上去很简单，但从学生学习的角度来欣赏，就能发现其中的匠心。前几种动物的家在哪里，学生是熟悉的，所以很快就能回答出来；蝴蝶出现了，顺着思路，学生当然关心它们的家在哪里，但却只能给出各种猜测。对于教师，这是学情的真实反映；对于学生，熟悉与不熟悉的对比，很自然地激发起学习探究的期待和兴趣。

二、认读字词，积累语言

师：现在请大家打开课文，认真地读一读、想一想，蝴蝶的家在哪里？同时注意读准字音，读通句子。

（学生读课文，思考问题，勾画句子。）

师：大家都读完了，我们来看一下这个句子，谁会读？（出示句子。）

（1）我常想，下大雨的时候，青鸟、麻雀这些鸟都要躲避起来，蝴蝶怎么办呢？

（2）它们的家一定美丽而香甜，不像家雀儿似的，一下雨就飞到人们冒着炊烟的屋檐下避雨。

（生读。）

师：整体上来说读得不错，不过有一个字的读音似乎不对，有没有发现？

生：第二句话中他读的是家雀（què）儿，听起来怪怪的。

师：你的意思是要读好儿化音，对吗？

生：不是的，我觉得读音不对。应该读作家雀（qiǎo）儿，先要读准音，然后再读好儿化音。

师：你怎么知道要读"qiǎo"？

生：课后有拼音呢。

师：原来这是一个多音字，有时候读"què"，有时候读"qiǎo"。有一种小动物叫麻雀，读它的名字时应读作——

生：麻雀（què）。第一句话中就读"què"。

生：第二句中的雀就读"qiǎo"。

师：我们一起再来读一读这两句话，注意读准"雀"字的不同读音。

（生齐读。）

师：在读句子的时候一定要把字音读准，还要关注作者的用词，看看有哪些用得好的词语值得我们积累。大家读读下面这个句子，你们觉得哪些词语值得我们积累？

（课件出示：天是那样低沉，云是那样黑，雷、电、雨、风，吼叫着，震撼着，雨点密集地喧嚷着，风将银色的雨幕斜挂起来，世界几乎都被冲洗遍了，就连树林里也黑压压的、水淋淋的，到处都是湿的。）

（学生自由读。）

师：有人已经关注到了，谁来分享给大家？

生：我关注的词语是黑压压、水淋淋。

师：除了它们，谁还有不同的积累？

生：吼叫着、震撼着、喧嚷着。

师：我们合作着读一读这段话吧。天是那样低沉，云是那样黑，雷、电、雨、风——

生：吼叫着，震撼着。

师：雨点密集地——

生：喧嚷着。

师：风将银色的雨幕斜挂起来，世界几乎都被冲洗遍了，就连树林里也——

生：黑压压的、水淋淋的，到处都是湿的。

师：我这样读，你们觉得怎么样？天是那样低沉，云是那样黑，雷、电、雨、风，喧嚷着，雨点密集地吼叫着，震撼着，风将银色的雨幕斜挂起来，世界几乎都被冲洗遍了，就连树林里也黑压压的、水淋淋的，到处都是湿的。

生：这样读不好。

师：我并没有多加一个字，也没有减少一个字，怎么就不好了？

生：课文中的词语搭配是很恰当的，雨点儿不能是震撼着。

师：作者用词精准确实值得我们学习，这些好的词语我们应该积累下来。同学们，刚刚我们都读了课文，你们觉得作者对蝴蝶是什么态度？

生：很担心。

生：很关心，所以作者很着急。

点评：学生自读课文后，教师检查交流什么，既要考虑学生实际，又要准确把握课文内容中适切的言语生长点，两者的结合才是课堂应然的选择。王老师引导学生聚焦的字词句，无疑都是十分适切的学习内容。"雀"字是多音字，学生容易忽视；而描写天气环境恶劣的句子，因为用词精准，值得品读和积累。轻轻巧巧，教师就在学生自读课文的基础上，将文本中有特色的字词句都扎扎实实地内化于心了。

三、提问梳理，尝试理答

1. 梳理问题，理清已有提问

师：同学们，这篇文章在表达上和前面的文章不同，问号特别多，大家发现没有？

生：发现了。

师：再读课文，拿出笔，把凡是带有问号的句子全部画出来，看看有多少个，标上序号。

（学生默读，勾画句子。）

师：画完的同学可以举手，说说你画了几个带有问号的句子？

生：9个。

师：有没有跟他不一样的？

生：11个。

师：看来这篇课文带问号的句子还真不少！不过并不是带问号的句子都是真问题，接下来我们来梳理一下，刚刚画出的11个带有问号的句子中，有些不是在提问，就把它划掉，只留下真正有疑而问的句子。

（学生梳理问题。）

师：来，说说看，你留下的问句是——

生：下大雨的时候，青鸟、麻雀这些鸟都要躲避起来，蝴蝶怎么办呢？

师：谁都画到了？请举手。还有吗？

生：我一想起来就为蝴蝶着急，这样的天气它们能躲在哪里呢？

生：它们的家在哪里呢？

师：特别好，这些都是真问题。前面我们学过，有的时候可以针对全文提问，有的时候也可以针对部分内容来提问，看看这三个问题，分别是从哪个角度提问的？

生："它们的家在哪里呢？"这是对全篇的提问，剩下两个是对部分的提问。

点评：这个环节紧扣文本句型上的特点，自自然然地聚焦到了单元阅读训练要素。先请学生画出带问号的句子，再判断哪些是真正在提出问题，哪些并不是在提问题，然后将留下的真问题分类，层层深入，循序渐进，学习路径十分清晰自然。这个环节也是在为下一个环节尝试从不同角度提问打下基础。

2. 自主提问，小组梳理

师：同学们，通过本单元的学习，我们知道不仅仅可以就课文内容来提问，还可以从课文写法和得到启示的角度来提问。接下来我们再来读课文，试着从不同的角度提出问题。接下来的时间就交给大家了,一定要认真读课文,积极思考,把问题写在便利贴上,贴在下面的表格中。开始自己读课文吧。

我的问题清单		
从内容角度提出的问题	从写法角度提出的问题	从启示角度提出的问题
1.	1.	1.
2.	2.	2.
3.	3.	3.
4.	4.	4.
5.	5.	5.
……	……	……

(学生读课文,思考,提问。教师巡视指导。)

师:刚刚同学们读书非常认真,而且还积极思考,从不同角度提出了问题。下面我们以小组为单位进行问题的梳理,完成小组问题清单。梳理过程中遇到相同的问题要——

生:进行合并。

师:开始吧,各小组合作学习。

(各小组合作学习,梳理问题。)

师:同学们,刚刚我们各个小组都对问题进行了第一层次的梳理,合并了相同的问题,每个组的小组问题清单中都提出了不少问题。一节课我们的时间有限,只能抓住重点问题进行解决。下面进行第二层次的问题梳理,对于那些不影响课文内容理解的问题可以暂且搁置,对于那些可以帮助我们理解课文内容的问题,以及引发我们深入思考的问题,要重点记录下来。各小组再次合作学习,完成下面的小组问题清单。

小组问题清单	
暂且搁置的问题	1.
	2.
	3.
	……
重点解决的问题	1.
	2.
	3.
	……

（小组合作学习，进一步梳理问题。）

师：请梳理好的小组派代表跟大家分享一下，说说你们小组暂且搁置的问题有哪些，认为要重点解决的问题有哪些？

生1：我们组暂且搁置的问题是"为什么蝴蝶的翅膀一点儿水都不能沾"，重点要解决的问题是"蝴蝶的家在哪里"。

师：你们组为什么把这个问题暂且搁置起来了？

生1：因为这个问题与课文内容没多大关系，而跟科学课有关。

师：有理有据，非常好。我们继续交流。

生2：我们组暂且搁置的问题是"下大雨的时候，青鸟、麻雀这些鸟躲到哪里去了"，重点要解决的问题是"蝴蝶的家在哪里"。

生3：我们组暂且搁置的问题是"为什么蝴蝶的家是美丽而香甜的"，重点要解决的问题是"蝴蝶的家在哪里"。

点评：这个环节设计得真好！自读独立提问题—小组合作合并问题—再次合作筛选问题，这是一个表面做减法、实际做加法的学习过程——减的是问题，加的是思考力和判断力。简单的表格，却是好用的工具和支架。

四、聚焦表达，落实语用

师：看来各小组都想解决的问题是"蝴蝶的家在哪里"，课文第三、四自然段写的就是作者对蝴蝶的家的猜测。我们来认真读一读这两段话，拿出笔勾画出作者所猜测的蝴蝶的家所在的地点。

（学生默读，勾画词句。）

师：作者都写到了哪些地方，把你勾画出来的地点跟大家分享一下。

生：屋宇、麦田、树林。

生：还有花朵、老树干、桥下面、树叶下面。

师：作者写到了不少地方，第三自然段写到了，第四自然段也写到了。不过仔细读，你可能会发现，同样在写作者猜测蝴蝶的家的地点，这两段的方法却不同。请同学们读一读第三、四自然段中的这两句话，看看你有哪些发现？（出示句子。）

(1) 麦田里呢？也不能避雨。——第三自然段

(2) 那它们会不会是藏在树叶下面？这倒有些说得过去，但我也从没见过蝴蝶在树叶下面避雨呀，而且树叶也经常被风吹得翻转不定，被雨冲刷得透湿，它也不像是蝴蝶的家呀！我真为蝴蝶着急了。——第四自然段

（学生自由读，比较，思考。）

师：说说你们的发现吧。

生：我发现第四自然段写得很具体，第三自然段写得很简单。

生：第四自然段不仅写出了问题，还写出了自己的想法，所以写得很具体。

师：大家的发现很有价值。大家能不能用第四自然段的写法，写一写第三自然段中出现的地点，也可以写一写开课时你猜测到的蝴蝶的家的地点，尝试着较为具体地进行表达。

（学生运用写法，进行表达。）

师：跟大家分享一下，你是怎么写的？

生： 那它们会不会钻进了土里呢？这倒也说得过去。但蝴蝶的身体那么轻软，土地又是那么坚硬，它是怎么钻进去的呢？

师： 你写出了自己的想法，不错。不过如果是我，我会这样写：蝴蝶长得那么漂亮，怎么忍心把自己钻到黑乎乎的泥土里呢？继续交流。

生： 它们会不会藏在洞穴里面，这也有可能性。但是一下雨，雨水就会把它们的洞灌满，而且我也从来没有见过蝴蝶的家在洞穴里。

生： 那它们是不是住在水稻田里，这也倒有可能，但是我也没见过它们在稻田里避雨，而且水稻经常被雨水压弯了腰，这不像是蝴蝶的家啊？

生： 那它们会不会是在树洞里呢？这也有可能。但树洞可能会有鸟儿、猫头鹰、蛇，会把它们吃掉，难道蝴蝶会这样自投罗网吗？

师： 写得特别具体，非常好。

点评： 王老师对文本语言文字运用的学习价值是非常敏感的，引导学生发现第三自然段和第四自然段在表达上的异同，从区别当中发现语言运用的契机，让学生在语言实践中既习得了表达的方法，又发展了言语思维。

五、布置作业，推荐阅读

师： 看来大家都很担心蝴蝶，我们猜测了那么多地方，蝴蝶的家到底在哪里，这个问题其实在语文课上很难解决，要解决这个问题还需要我们去阅读更多的与科学、自然有关的书籍。比如这本叫《这是我的家》的书，它讲的是大自然中的动物是如何筑巢的，当然也包括蝴蝶的家在哪里。让我们带着问题和思考走出课堂，走入更广阔的世界，探寻更多的知识。王老师希望同学们了解更多动物的家，同时还希望大家在阅读的过程中提出自己的问题，并尝试着梳理问题、解决问题，当然了，也希望同学们把这节课学到的一些好词佳句积累下来。

点评： 利用课文在学生心中激发的兴趣进行整本书阅读推荐，恰到好处。

总评

就学什么而言，这是一节极具示范性的课。

策略单元是统编教材中编排的特殊单元，是用来帮助学生学习常用且实用的阅读策略的。正因为策略单元被冠以"策略"学习的"头衔"，老师们就很容易在"策略"学习上用力过猛，导致文本的学习价值仅仅局限于用来学习某一种阅读策略。比如，这个单元的文本都局限于学习提问策略，忘记了具体文本还具有与文本特性密切相关的其他维度的语文学习价值。王老师的这节课，就给广大一线教师做了一个极好的示范。《蝴蝶的家》不仅要用来继续学习如何提问题、提有价值的问题，还要用来丰富语言积累、学习语言表达。积累什么样的语言，具体学习怎样的表达方法，不同的文本有不同的语言点，教师要在文本解读时就敏锐地捕捉到，然后在课堂上有条不紊、扎扎实实地落实。

就怎么学而言，这是一节极具设计感的课。

一节课，目标定位好了，如何设计有层次、有逻辑的学习活动，让学生通过路径清晰、富有节奏感的学习实践落实目标，需要教师用一颗匠心来组织设计。王老师的这节课，设计感很强。设计感强了，艺术感就有了。一节课，五个环节，一个线索——提问题，就都自自然然地串起来了。第一个环节，问题设疑；第二个环节，带着问题自读，顺带解决了字词句运用的针对性学习；第三个环节，从梳理课文中的问题到从不同角度提出问题再到梳理问题，聚焦"策略"，落实策略的学习和运用；第四个环节，用梳理的问题带出语用学习，举重若轻，水到渠成；第五个环节，结课，不忘再次强调提问"策略"的运用实践。这样的设计，整个课堂就是一个完满的生命体，有起承转合之韵味的生命体。妙！

点评：李竹平（全国著名特级教师）

单位：北京亦庄实验小学

辑六
习作单元教学

习作单元,这样教更有效

一直以来,习作都是小学阶段极为重要的教学内容之一,同时也是一线教师深感头疼的教学内容之首。的确如此,对于一线教师来讲,作文不好教:放得开了,就有可能收不住了;收得紧了,就有可能导致千篇一律了。对于学生而言,大多数孩子宁愿阅读也不愿意写作,确实,写作文是件伤脑筋的事情。为了转变习作教学的尴尬现状,统编教材做出了很大的努力,其中习作单元的出现堪称亮点。打开三至六年级的统编小学语文教材,我们会被习作单元这一新生事物所吸引,但同时,脑海中也会出现不少问号:习作单元中的精读课文该怎么教?习作例文能当课文来教吗?"初试身手"栏目应该发挥怎样的作用?只有解决了这些问题,我们才有可能教好习作单元。

一、习作单元的编排特点

之前我们使用的多个版本的教材中均设有单元习作,有些版本的教材中还在精读课文后面安排了小练笔,这些都旨在提高学生的习作水平。不过仔细研读,我们会发现以往单元习作的安排往往更侧重的是内容,如在《观潮》《雅鲁藏布大峡谷》《鸟的天堂》《火烧云》四篇课文后面安排了习作"写一处自然景观",要求写出奇特之处,并注意按照一定的顺序。这样的安排是不错的,四篇课文与习作内容一脉相承,但是缺少写作方法的指导,特别是写法的前后贯通。而有些版本的教材一个单元中几篇课文与单元习作关系并不大,甚至没有直接关联,这样就让课文的学习与习作的教学脱节了,导致很多老师教学课文时完全忽略作者的表达方法，而只注重课文内容的理解。

打开统编教材，我们看到单元习作依旧存在，课后的小练笔有所增加，同时，三至六年级每一册教材中都新增了习作单元，依次为：留心观察、展开大胆的想象、把一件事情写清楚、学习按浏览顺序写景物、学写简单的说明性文章、学习描写人物、围绕中心意思写、表达真情实感。纵向比较，我们发现八个习作单元之间有着密切的关系，序列性很强。

聚焦习作单元，我们看到，它一般都是由两篇精读课文、一个交流平台、一个初试身手、两篇习作例文和一次习作构成的，这些内容都紧紧围绕着某一项习作能力，各项内容之间环环相扣，体现出了整体性和综合性。在单元导语部分，编者会点明本单元习作教学的语文要素，两篇精读课文主要是教给学生写作方法，"交流平台"对本单元的写作方法进行了梳理，"初试身手"为学生提供了小试牛刀的机会，也为顺利完成本单元的习作做了铺垫，两篇习作例文都是帮助学生不断改进自己习作的范文，这样环环相扣、层层推进的编排，对于提升学生的习作水平不无裨益。

二、习作单元的教学策略

1. 研读精读课文的课后习题，发现写法侧重点

我们知道，精读课文在小学语文教材中有着举足轻重的作用，是绝对的主体内容，也是有效提升学生语文基本功的重要凭借，因此一定要重视精读课文的教学。在习作单元中，精读课文一般只有两篇，在教给学生写作方法上肩负着重任，我们一定要深入解读文本，细致研读课文习题，充分领会编者意图，发现写法侧重点，引导学生在层层推进的语文实践活动中掌握写法。这样当学生动笔完成本单元的习作时，才有可能得心应手。

同为精读课文，位于普通单元与习作单元中，教学重点是不同的。教学习作单元中的精读课文，我们要更多地去关注课文在表达上的特点，引导学生学习课文的写作方法，甚至要有所侧重地从两篇精读课文中学到不同的写法。

以四年级上册的习作单元为例，这一单元选编的两篇精读课文分别为《麻

雀》和《爬天都峰》，教学这两篇课文，我们要把重点放在把握课文的表达顺序，学习如何把一件事中的重点内容写清楚上。我们所注重的不应再是对课文内容的理解，也就是说，在写了什么的问题上要有所忽略，而在怎样写的问题上要多花气力，这才是编者的编写意图所在。

这一单元的首篇课文《麻雀》的课后有两道思考题。

1. 朗读课文。说说课文围绕麻雀写了一件什么事，这件事的起因、经过和结果是怎样的。
2. 课文是怎样把下面的内容写清楚的？找出相关句子读一读。
（1）老麻雀的无畏
（2）猎狗的攻击与退缩

我们知道，课后习题是编者编写意图的集中体现，从第一题可以看出，编者想要我们引导学生在了解故事的起因、经过和结果这些内容后走向表达形式，知道作者是按照事情的发展顺序来写的。正因为作者写清楚了起因、经过和结果，事情的来龙去脉才很清楚。第二题要让学生掌握的是作者如何把一件事情中的重点内容写清楚的方法——既可以写看到的，也可以写听到的和想到的。

这一单元的第二篇课文《爬天都峰》的课后也有两道思考题。

1. 这篇课文写了一件什么事？是按照什么顺序写的？
2. "我"开始不敢爬，最后爬上去了。课文是怎样把"我"爬山的过程写清楚的？

同前一课相比，我们发现这次编者想要我们关注的不仅仅是事情的起因、经过、结果这三要素，而是时间、地点、人物以及事情的起因、经过、结果这六要素，只要注意到顺序，写清楚六要素，就能清楚有序地表达。这篇课文写的是爬天都峰的事情，自然爬的过程是重点，课后题问到了"课文是怎样把'我'爬山的过程写清楚的"，这实际上就是要让学生关注重点内容，明白写一件事一定要把重点部分写清楚。怎么才能写清楚呢？一定要写清楚人物是怎样想的，怎样说的，怎样做的。

不难发现，这两篇精读课文的侧重点是不同的：《麻雀》一课教给学生的是如何把看到的事情写清楚；《爬天都峰》一课教给学生的则是如何把经历的事情写清楚。

四年级下册的习作单元中也有两篇精读课文，其中《记金华的双龙洞》一课的课后题如下。

1. 默读课文，理清作者游双龙洞的顺序，再把下面的路线图补充完整。
路上→（　　）→（　　）→（　　）→（　　）→出洞
2. 读由外洞进内洞的部分，体会作者是怎样把孔隙的狭小和自己的感受写清楚的。

这一单元关于习作的语文要素为：学习按游览的顺序写景物。我们看第一题，要求学生默读课文，理清作者的游览顺序并补充路线图，这正好与本单元习作的语文要素相吻合。教学这一课，我们一方面要带领学生理清作者的游览顺序，还要引导学生弄明白：写景，就应该有顺序地表达，可以通过绘制游览路线图的方式帮助自己更有序地进行表达。

再看第二题，要求学生在读由外洞进入内洞这一部分的基础上，体会作者是怎样把孔隙的狭小和自己的感受写清楚的。一般来说，学生做到有序表达并不难，但要把重点内容写清楚可就没那么容易了。这道题指向的就是写清楚这一难点问题。这和"交流平台"中的第二点相吻合：可以把特别吸引你的景物作为重点来写。如，《记金华的双龙洞》重点写了外洞和内洞之间的孔隙。

一处景物，如果可以游览，就可以绘制游览路线图，这样按图索骥，就能有序地进行表达。但如果写的是无法游览的景象，还能有顺序地表达吗？当然可以。我们来看看这一单元《海上日出》一课的第二道课后题。

读句子，注意加点的部分，想想这样写有什么好处。
太阳好像负着重荷似的一步一步，慢慢地努力上升，到了最后，终于冲破了云霞，完全跳出了海面，颜色红得非常可爱。

细读这道题，我们发现面对无法走近的太阳，面对日出这一景象，作者依然写得层次清楚，很有条理，为什么？因为作者写出了太阳在升起过程中的变化。不仅是这句话，再读读这篇课文，我们会发现课文的第二、三自然段也清楚地写出了早晨太阳变化的顺序，这正和"交流平台"中的第三点相吻合：如果景物发生了变化，可以按照变化的顺序来写。如，《海上日出》的第二、三自然段就是按照早晨太阳变化的顺序来写的。

由此可见，习作单元中的两篇精读课文都指向了写作方法，但往往又会有所侧重，教学时首先要细读课后题，充分领会编者的意图，引导学生从精读课文中学习写作方法，这样才能在习作时用好方法。

2. 运用精读课文的写法，及时练习加以巩固

写作是一种能力，只有通过实践才能形成，也就是说，只有在写作的过程中才能学会写作。研读课后习题，能够帮助我们领会编者意图，发现作者写作的秘妙。课堂教学中，我们首先要引导学生发现写作的方法，但更重要的一定是创设情境，发掘资源，给学生搭建运用写法进行表达的平台，让学生进行语言实践。否则，把写法当作知识进行学习，写法就失去了生命力，就成了空中楼阁。

以五年级下册的习作单元为例，这一单元关于习作的语文要素是：初步运用描写人物的基本方法，具体地表现一个人的特点。这一单元的习作是运用本单元学过的描写人物的方法，具体地表现人物的特点。那么，本单元都要学习哪些描写人物的方法呢？我们来看看这一单元编排的两篇精读课文《人物描写一组》和《刷子李》。

《人物描写一组》这一课包含三个片段：《摔跤》中机灵的小嘎子形象鲜活，因为作者生动地刻画了他的一连串动作，并且通过人物的神态、语言、心理等，具体地表现人物的特点，这是很值得学生学习的写法；《他像一棵挺脱的树》为了表现车夫祥子旺盛的生命力，作者细致地描写了他结实健美的身体；《两茎灯

草》中严监生的吝啬让人印象深刻，是因为作者选择了能够表现人物特点的典型事例——严监生临死时仍惦记节省灯油。我们发现，这一课的三个片段所展现出来的描写人物的方法是不同的，教学时要突出每一个片段的特点，让每一个片段的教学都有着清晰的指向，让学生能够在每一个片段的学习过程中都有所得。

《摔跤》这个片段中写道：两人把"枪"和"鞭"放在门墩儿上，各自虎势儿一站，公鸡鹐架似的对起阵来。起初，小嘎子精神抖擞，欺负对手傻大黑粗，动转不灵，围着他猴儿似的蹦来蹦去，总想使巧招，下冷绊子，仿佛很占了上风。可是小胖墩儿也是个摔跤的惯手，塌着腰，合了裆，鼓着眼珠子，不露一点儿破绽。教学时，我们可以引导学生在读的基础上想象画面，然后探讨为什么作者的描写画面感这么强，从而引导学生关注作者对人物一连串动作的描写，发现作者写的不仅是小嘎子的一连串动作，还写了小胖墩的一连串动作，正是这样的描写才让这一片段生动具体，人物形象鲜明突出。学生掌握了写法后一定要走向语言运用的实践，我们可以引导学生回想操场上同学们活动的情景，比如打乒乓球、打篮球时几个人的动作，然后用几句话写出他们的一连串动作，这样就让学到的方法在实践中变成了能力，为后面的习作打下了坚实的基础。

《他像一棵挺脱的树》这个片段中写道：扭头看看自己的肩，多么宽，多么威严！杀好了腰，再穿上肥腿的白裤，裤脚用鸡肠子带儿系住，露出那对"出号"的大脚！这段话中，作者对祥子衣着的描写不仅抓住了特点，而且十分细致，这种方法值得学习。教学时，我们可以引导学生对照着课文中的插图读句子，在对照中发现作者的写法。我们发现，作者是抓住祥子的下半身来描写的，突出了他的脚之大，那么上半身呢？我们可以借助插图，引导学生观察，抓住特点，细致描写，表现出祥子的结实、挺脱，这样就将课文中学到的写法变成了学生的表达能力。

《刷子李》一课作者通过徒弟曹小三在观察师傅刷墙时，从崇敬到质疑再到崇敬的心理变化，从侧面反映出刷子李的高超技艺。这种写作方法很值得学习。教学这一课，我们不能仅仅让学生感受到刷子李让人叫绝的手艺，还要引导学生发现作者的表达方法。当然，作为习作单元的精读课，不能停留在"纸上谈兵"的层面，必须让学生动笔去写一写，运用侧面描写的方法，去表现人物的特点。教学时，我们在学生发现写法后，就可以引导他们回顾自己看过的一次演出，或者看过的一次比赛，借助观众的反应，特别是精彩处或者紧张处观众的心理变化，来表现演出或者比赛的精彩。这样就能让学生将课文中学到的写作方法变为习作的能力，完成从写作知识到写作能力的转换。

习作单元中精读课文的教学，一定要引导学生从内容理解走向语言表达，并将更多的时间用在写法的品悟、运用上，一定要从精读课文中学习写法，再创设语境，让学生进行实践表达，从而掌握写法。

3. 在"初试身手"中尝试表达，为动笔写作做好铺垫

习作单元中的两篇精读课文蕴藏着侧重点不同的写作方法，在两篇课文的学习之后还需要进行一定的梳理，方法的系统性才会呈现出来。"交流平台"承载的正是这一任务，它及时对本单元的写作方法进行了梳理和归纳，让学生对本单元学到的写法有了更清晰明了的把握。接下来的"初试身手"则为学生提供了实践的机会，让学生进行片段的练习或实践活动，从而巩固写法。等到要完成本单元的习作时，学生就不仅掌握了方法，还历经了课文学习时的片段练习以及"初试身手"时的巩固练习，再写起来就得心应手了。

三年级上册的习作单元要求学生能够仔细观察，把观察所得写下来。这一单元的习作是《我眼中的缤纷世界》，要求学生观察身边的事物，把印象最深的一种事物或者一处场景写下来。在本单元精读课文的教学过程中，学生懂得了留心周围的事物，就会有新的发现，细致进行观察就能对事物有更深入的了解。那么，究竟该怎样细致观察，聚焦某一两个点来写呢？"初试身手"栏目为学生提供了片段练习的语境。

雨停了，我和妈妈去买菜，在路上看到好几只小蜗牛正慢悠悠地过马路……

表姐送给我一个芒果。它的皮是黄色的，摸上去很光滑。放到鼻子边闻，有一股淡淡的香味；剥开皮尝一下，是一种很特殊的香甜的味道……

我们发现，这两个语境的创设都非常好，一下子就让学生的目光聚焦到了重点处。当学生聚焦到那几只慢悠悠过马路的小蜗牛时，他一定会仔细观察，不仅会用眼睛看，还会用手去摸一摸，这样就对小蜗牛有了更多的感受，自然就有内容可写了。我们也能够想象，当读到那个芒果的皮是黄色的，闻起来还有一股淡淡的香味时，学生一定会有身临其境的感觉，甚至想赶快咬上一口。芒果皮剥开了，是一种很特殊的香甜的味道。这段话告诉学生，不仅可以去看、去摸、去闻，甚至还可以去品尝，只有多种感官并用，才能对事物有更多的了解，才会更有内容可写。当学生初试身手，进行了片段的表达之后，基本的写作方法就掌握了，再动笔写本单元的作文，自然就不成问题了，所谓水到渠成就是如此。

六年级下册的习作单元要让学生学会选择合适的内容写出真情实感。该怎样才能表达出真情实感呢？我们既可以把情感融入具体的人、事、物或景物之中，在叙述中自然而然地流露情感，也可以把心里想说的话直接写出来，抒发自己的情感。这些方法都非常有效，但掌握起来并不是那么容易，因此，"初试身手"栏目就做出了铺垫，降低了难度，设计了以下的内容：

1. 我们都生活在一定的环境中，当心情不同时，对身边事物的感受也会有所不同。如：

> 一直想养一只小狗，妈妈今天终于答应了。

> 打篮球的时候，我有几个好机会没把握住，结果我们输给了二班。

↓

> 路旁的一朵朵花儿好像在向我微笑，树上的鸟儿也在欢唱，树叶沙沙作响，好像也在为我高兴。

↓

> 路旁的花儿耷拉着脑袋，一副无精打采的样子。树上的小鸟叽叽喳喳地叫着，也像是在讥笑我。

2. 从下面的情境中选择一两个，就心情"好"与"不好"这两种状态，分别写几句话。

走在小巷里　　奔跑在田野上　　弹琴　　钓鱼　　……

第一题给出了两个情境，无论是养狗的心愿得到满足，还是打篮球时的惜败，这都是学生学习生活中常有的事情，也是容易产生真情实感的事情，这实际上是在暗示学生，选择习作题材时，就应该选择这些自己经历过的，印象深刻的，当时感触良多的事情，这样就容易写出真情实感来。由于这两个事件结果不同，我们的感受和心情也不同，因此，同样是路旁的花儿，树上的小鸟，在我们眼中也是不同的，它们的表现实际上就是我们心情的写照。我们完全可以把自己的情感融入景物之中，在叙述中自然而然地流露情感。

与第一题相比，第二题明显提升了难度，只给出了关键词，需要学生根据"好"与"不好"这两种状态，自己来写几句话。这个练习实际上起到了非常好的连接作用：一方面，这是前一个练习的延伸，通过任务驱动的方式，帮助学生巩固在前一个练习中学到的方法，独立进行表达实践；另一方面，这个练习只要求学生写几句话，相对简单，也是为本单元的习作做的铺垫。经历了这样层层推进、逐渐深入的实践练习，学生再写本单元的习作时就驾轻就熟了。

4. 从习作例文中获得启示，不断改进优化习作

作文对于学生来说，还是有一定难度的。我们会看到不少学生即便是经历了精读课文的学习，也在"初试身手"中做了尝试，但写出来的习作依然不能令人满意，怎么办？面对这样的情况，我们一定要用好本单元中的习作例文。

习作例文，顾名思义，是用来当例子的，为学生示例的。习作例文是用来"用"的，而不是用来"教"的。很多老师在教学时会有一种惯性思维，但凡看到课文，就想逐段进行教学，看到习作例文有两篇课文，就想着先认字识词，再整体感知，然后逐段学习，最后朗读升华。这样教老师很辛苦，课时不够用，效果很不好。一定要记得，习作例文不是用来这样"教"的，它是用来"用"的，是要当作范文指导学生完善自己的习作的，是让学生从中获取有用的写作

方法，从而改进自己的习作的。

　　四年级上册的习作单元要求学生写一件事，把事情写清楚。我们知道，这个年段的学生在写事的时候很容易出现记流水账的问题。教学时，我们可以让学生先尝试着去写一写自己印象深刻的事情，当学生初次完成习作出现写不具体、记流水账的现象后，我们就可以出示习作例文，让学生从中学习写作方法。这一单元的习作例文有两篇，分别为《我家的杏熟了》和《小木船》，运用习作例文，并不是说非得两篇都用上，也不是说非得完整地出示，可以根据学生习作中出现的问题有选择地运用。学生的习作记流水账，很可能是不会选择事件，什么都想写，这时候我们可以出示《小木船》这篇例文，让学生聚焦第四段。这一段开头写道："转眼几个月过去了。有一天放学回家，我走在前面，陈明走在后面。"我们可以引导学生进行思考：几个月的时间里，会发生多少件事情？可是作者都写了吗？为什么只写了那天放学回家时发生的事情。经过思考，学生就明白了：写时间跨度比较大的事，要围绕重要内容写，不重要的内容可以简单交代，甚至省略不写。这时再让学生去修改自己的习作，从"流水账里"选出自己认为重要的事情来，删除那些可写可不写的内容。选择了事件，该怎么写清楚呢？可能有些学生还做得不够好，我们可以再次出示习作例文《小木船》的第三、四自然段，让学生对比着读，发现作者是怎样把"我"和陈明友谊破裂以及我们和好的过程写清楚的。在聚焦阅读、对比分析的过程中，学生就掌握了把一件事写清楚的方法。这时，我们可以让学生把从习作例文中学到的方法运用到自己的习作中，去修改习作，将没有写清楚的地方写清楚，写出事件发生时人物的心情、语言、动作等，这样，原本不够好的一篇习作，因为从习作例文中汲取了方法，在一次次的修改中得到了提升，就逐渐走向了完善。其实，好的文章就是这样一遍一遍修改出来的，学习的过程就是由不会到会、由不好到好的过程，这样的习作教学才是最有价值的。

　　五年级上册的习作单元要求学生能够用恰当的方法，把某一种事物介绍清楚，实际上就是要写一篇说明性的文章，这对于五年级学生来说还是有一定难度的，毕竟学生更熟悉的文体是记叙文，说明文见得相对少，写得更少。明确习作要求，确定写作对象后，学生动笔来写，极有可能三言两语过后就无话可写了。这次习作，学生从自己的实际出发，很可能既有介绍某一种具体事物的，如扫地机器人、袋鼠等，也有介绍某种事物的制作过程的，如怎样泡酸菜、怎样制作风筝等，这两种类型的习作写法是不同的。教学时，我们可以根据学生的实际情况，以《鲸》或者《风向袋的制作》为例，引导学生从中学到有助于自己写作的方法，从而对自己的习作进行修改和完善。特别是制作类的说明性文字，我们不仅要引导学生从习作例文中学会使用"第一、第二、第三"等词语进行有条理的表达，还要引导学生学会运用在精读课文《太阳》一课中学到的列数字等说明方法，两者相融合，才能让自己的介绍更清楚明白。

总而言之，要教好习作单元，我们首先要对习作单元中的精读课文精准定位，教学时要凸显的是表达因素，是写作方法，而对于课文内容的理解是要适当弱化的，这样才能集中力量，让写法的教学更加深入，更为扎实。同时，要充分发挥"初试身手"栏目的奠基作用，化整为零，化难为易，让学生在片段练习中蓄积力量，为完成习作打好基础。我们还应该切实用好习作例文，引导学生从中学习有效的方法，迁移到自己的习作中，不断改进并完善自己的习作，从而提升自己的写作及修改能力。

关注文体特点，落实语言运用

——《松鼠》教学实录

一、图文结合，导入新课

师：今天王老师要给大家介绍一种小动物，到底是什么呢？我们来猜一猜：弓背，短腿，细长尾；利齿，尖嘴，洞里睡。

生：松鼠。

师：松鼠长这样？

生：不对，是老鼠，因为它有细长尾。

师：到底对不对呢？我们来看一下（课件出示老鼠图片及生字"鼠"）。大家看这个"鼠"字，跟老鼠有没有相像的地方？

生：我觉得鼠字的斜钩特别像老鼠细长的尾巴。

生：我觉得鼠字的上半部分像老鼠的头。

师：（边板书边讲解）老鼠的尖嘴里边还长了——

生：两颗牙齿。

师：所以，别忘了里面的两个小短横。大家再看，这两个竖提就像老鼠的两条腿，最后的斜钩是它的尾巴，这个尾巴长得——

生：又细又长。

师：这是老鼠的"鼠"，也是松鼠的"鼠"。同样是啮齿类的动物，说到老鼠你想到了——

生：老鼠过街，人人喊打。

师：说到松鼠的时候呢？

生：我想到了可爱。

生：我想到了机灵。

师：我们来看几张松鼠的图片（出示松鼠的图片），你想到了哪些词语来形容眼前的松鼠？

生：动作敏捷的松鼠。

生：讨人喜爱的松鼠。

生：毛茸茸的松鼠。

生：机灵的松鼠

生：聪明的松鼠。

生：乖巧的松鼠。

师：松鼠的确是一种非常可爱的小动物，课文中这样写道：松鼠是一种漂亮的小动物，乖巧，驯良，很讨人喜欢。

（学生齐读。）

师：著名博物学家、作家布封也非常喜欢松鼠，他会怎样向我们介绍松鼠呢？今天，就让我们一起学习《松鼠》这一课。

点评：此导入简而不凡！"鼠"字的学习，让识字与写字润物细无声地融合在一起；由"鼠"引出"老鼠"与"松鼠"的对比学习；借助图片让学生结合"你想到了哪些词语来形容眼前的松鼠"这一问题，巧妙地进行了语言表达的训练。

二、默读课文，整体感知

师：请同学们默读这篇课文，注意读准字音，读通句子，同时想一想，作者向我们介绍了松鼠哪些方面的信息？注意用笔勾画下来。

（学生自读，教师巡视。）

师：同学们读得非常认真，值得表扬，字音都读准确了吧？我来考考看，不过方式有些特别，我在黑板上写一个词语，请你读出相应的一组词语来。

（师板书：外形。）

生：面容清秀、身体矫健、尾巴翘起、四肢轻快。

师：真不错，我们继续。

（师依次板书：活动、行为特点、搭窝、其他特点，学生分别读相应的四组词语。）

生：歇凉、追逐、奔跑、玩耍。

生：警觉、敏捷、塞满、扒开。

生：分杈、苔藓、狭窄、勉强。

生：胎生、换毛、脱落、梳理。

师：同学们发现了吧，这篇课文是从哪几个方面来介绍松鼠的？

生：这篇文章是从外形、活动、行为特点、搭窝和其他习性五个方面来介绍松鼠的。

（师生合作，再次读一读这些词语。）

师：同学们在阅读课文的时候，一定了解到了松鼠的不少相关知识，我们来一个快问快答怎么样？请听题：松鼠的窝又干净又暖和，它搭窝用的是什么材质？

生：它搭窝用的是小木片、干苔藓。

师：松鼠的窝口向着哪个方向？大小如何？

生：它的窝口朝上，很狭窄，勉强可以进出。

师：下雨时松鼠的窝不会漏雨吗？

生：不会漏雨。因为它的窝口有一个圆锥形的盖，把整个窝遮蔽起来，雨水就会向四周流去。

点评：这一课的生字词较多，且一些词语较为生僻，教师根据高年级学生的年龄特点以答题比赛的形式，引发学生学习词语的兴趣，提高了字词识记效率。教师板书词语，让学生读出相对应的几组词语，此环节的设计直接指向了课后第一题"把从课文中获得的有关松鼠的信息分条写下来",为完成对课文内容的分条记录做准备。教师又以答题的形式让学生介绍松鼠搭窝的部分,又为本单元"介绍一种事物"的习作目标做了铺垫。可谓一举多得。

三、品味语言特点,发现表达风格

师:同学们了解到了不少关于松鼠的信息,值得表扬。查阅工具书,会让我们对松鼠有更多的了解,课前我特别查阅了一本工具书——《辞海》,上面介绍到:松鼠体形细长,体长17厘米~26厘米,尾长15厘米~26厘米。你发现了什么?

生:我发现作者介绍松鼠时用到了两组数字。

师:在《太阳》一课中,我们也看到了不少数字,还记得这是哪种说明方法吗?

生:列数字。

师:非常好,大家再对比这两组数字,你又有什么发现?

生:松鼠的尾巴好长啊,跟身子差不多。

师:是啊,多有特点的尾巴啊,如果让你来介绍松鼠,你一定会写到松鼠的——

生:尾巴。

师:作者介绍松鼠时,也特别写到了它的尾巴,请你在课文中找一找描写松鼠尾巴的句子。

(学生找到句子,师指名读:它们面容清秀,眼睛闪闪发光,身体矫健,四肢轻快,非常敏捷,非常机警。玲珑的小面孔,衬上一条帽缨形的美丽尾巴,显得格外漂亮。)

师:学语文不仅要多读,还要想象文字所描绘的画面。我们再请一位同学读一读这段话,请大家闭上眼睛想象,看看你的脑海中会出现怎样的画面?

（一生朗读这段话，其他同学想象画面。）

点评： 教师借助工具书中对松鼠的描写，与课文中的描写相对比，边读边想象画面，让学生直观体会到文艺性说明文生动、活泼的语言风格。同时落实课后思考第二题。教师还让学生学习说明文的说明方法，体会作者为什么这样写及这样写的好处，发现文章表达的特点。

师： 在作者笔下，松鼠就像人一样，像他的朋友一样，请同学们继续读课文第二段，看看哪句话也让你感受到松鼠就像人一样？

（学生自读，勾画句子。）

生： 我画的句子是：在清朗的夏夜，可以听到松鼠在树上跳着叫着，互相追逐。它们好像很怕强烈的日光，白天躲在窝里歇凉，晚上出来奔跑、玩耍、吃东西。

师： 愉快的暑假到了，在清朗的夏夜，你们会不会跳着叫着？会不会互相追逐？会不会奔跑？会不会玩耍？会不会吃东西？

生： 暑假里，在清朗的夏夜，我跟小伙伴们也会跳着叫着，也会互相追逐。

生： 在清朗的夏夜，我也会跟伙伴们在一起奔跑着、打闹着，饿了还会去夜市吃东西。

师： 作者笔下的松鼠就像一个个活泼可爱的小朋友，太可爱了！我们也来读一读这段话，感受一下松鼠的可爱。

（学生读句子，体会松鼠的可爱。）

师： 同学们，这一课写的是松鼠，不过你仔细读课文第一、二自然段，会发现作者还写到了人和其他动物，谁发现了？

生： 我发现的句子是：它们常常直竖着身子坐着，像人们用手一样，用前爪往嘴里送东西吃。可以说，松鼠最不像四足兽了。

生： 我发现的句子是：松鼠不躲藏在地底下，经常在高处活动，像飞鸟一样住在树顶上，满树林里跑，从这棵树跳到那棵树。

师：知道这是哪种说明方法吗？

生：打比方。

师：同学们比比看，松鼠、人、飞鸟，如果用熟悉程度来排序，我们最熟悉的是？其次呢？相对不熟悉的是——？

生：我们最熟悉的是人，每天都能见到，街上，学校里，到处都有。飞鸟也比较多，经常一抬头就看到了树上的鸟，或者在天上飞的鸟，松鼠就不那么常见了。

师：谁发现了，打比方时，我们应该选择——

生：熟悉的事物，这样别人就容易明白你表达的意思。

师：我们来练习一下吧，大家看看这段话可以怎样用上打比方的说明方法来介绍松鼠？

（出示：在清朗的夏夜，可以听到松鼠在树上跳着叫着，_____，互相追逐。它们好像很怕强烈的阳光，白天躲在窝里歇凉，晚上出来奔跑、玩耍、吃东西，_____。）

生：在清朗的夏夜，可以听到松鼠在树上跳着叫着，像小孩子一样互相追逐。它们好像很怕强烈的阳光，白天躲在窝里歇凉，晚上出来奔跑、玩耍、吃东西，就像暑假里的我们。

生：在清朗的夏夜，可以听到松鼠在树上跳着叫着，像一群活泼可爱的孩子，互相追逐。它们好像很怕强烈的阳光，白天躲在窝里歇凉，晚上出来奔跑、玩耍、吃东西，就像暑假里在广场上玩耍的小朋友一样。

师：同学们说得多好啊，学习了课文，我们也会生动地表达了。同学们，前面我们学过《太阳》一课，大家把刚刚的两段话和《太阳》一课的这两段话对比着读一读，看看你有哪些发现？（出示课件。）

它们面容清秀，眼睛闪闪发光，身体矫健，四肢轻快。

在清朗的夏夜，可以听到松鼠在树上跳着叫着，互相追逐。它们好像很怕强烈的日光，白天躲在窝里歇凉，晚上出来奔跑、玩耍、吃东西。

——《松鼠》

到太阳上去，如果步行，日夜不停地走，差不多要走三千五百年；就是坐飞机，也要飞二十几年。

我们看到太阳，觉得它并不大，实际上它大得很，一百三十万个地球的体积才能抵得上一个太阳。

——《太阳》

（学生对比着读一读，感受有什么不同。）

生：《松鼠》的这两段话饱含了作者对松鼠喜爱的感情，而《太阳》这一课只是讲明白了太阳的特点。

师：是的，《太阳》一课的这两段话只是讲清楚、讲明白了，但《松鼠》一课的这两段话不仅讲清楚、讲明白了，而且还讲得特别生动。这就是《松鼠》与《太阳》表达风格的不同之处。这样的表达真好，作者是谁？

生：布封。

（课件出示布封的资料，请一位学生读：布封用毕生精力经营皇家花园，并用40年时间写成36卷巨著《自然史》，其中关于动物活动形态的描绘尤其富于艺术性。布封以科学的观察为基础，用形象的语言勾画出各种动物的一幅幅肖像。）

师：布封为什么能做到如此生动地介绍动物呢？因为他很下功夫，用了40年的时间，写成了36卷《自然史》。更值得称道的是，他对于动物活动形态的描写极富艺术性，我们读到的《松鼠》一文就有这样的特点。布封用科学的视角进行观察，用形象的语言进行介绍，于是，我们就看到了非常可爱的松鼠。我们再读一读这两段话，感受布封介绍清楚、表达生动的语言特点。

（学生朗读这两段话。）

点评：本环节教师由"扶"到"放"，通过对第一段的重点学习，放手让学生找出文中其他把松鼠当人来写的段落，创设情境，对比体会，进一步感受松鼠"可爱"的特点。其间，教师除了引导学生学习打比方时要选择熟悉的事物，还结合生活实际，让学生进行了语言文字的训练。更为可贵的是，教师关注到了文体特征和本单元前后关联的编写特点，结合本单元第一篇精读课文《太阳》，通过对比学习进一步感受两篇说明文的不同语言风格，且通过对作者布封的介绍，让学生深入感受文艺性说明文的表达特点，为本单元的习作打下了良好的基础。

四、凸显文体特征，尝试生动说明

师：同学们，这两段话介绍清楚、说明生动，这样的表达方法真好。关于松鼠，王老师还找到了这样的资料："松鼠体毛灰白，腹面白色，它在树林里嬉戏，用树叶、草苔筑巢，或利用雅雀的废巢。它们喜欢吃松子或胡桃的果实，有时也吃昆虫和鸟蛋。"这是完全客观的描写，很清楚，不过缺了点什么？

生：生动的说明。

师：是的，它介绍清楚，但表达不够生动。我们能不能让它变得更加生动？下面请同学们运用今天学到的布封介绍松鼠的方法，选择这段话中的一两点试着写一写，力争做到介绍清楚、说明生动。

（学生进行练笔，教师巡视指导，然后组织交流。）

师：在分享之前请大家看黑板，一会儿你听同学读的时候，一定要注意：第一，有没有介绍清楚；第二，有没有讲得很生动。如果你觉得好，请把掌声送给他；如果你觉得不够好，那我们就帮他把这一段改写得更好。

生：松鼠面容清秀，身体矫健，是灰色和白色相间的，非常可爱。松鼠在树林里打闹、玩耍、吃东西。

师：大家觉得写得怎么样？

生：很不错。大家看这儿，"林栖"，他改写成了"打闹、吃东西"，变得相对生动了。我想帮他改一句，把"是灰色和白色相间的"，改成"体毛灰灰的，但腹部却雪一样白。"

师：很好，你能不能完整地读一遍给大家听？

生：松鼠面容清秀，身体矫健，体毛灰灰的，但腹部却雪一样白，非常可爱。松鼠在树林里打闹、玩耍、吃东西。

师：他这样改写，你觉得怎么样？

生：我觉得"雪一样白"写得很好！做到了生动。

师：我们继续分享。

生：我把"林栖，用树叶或草苔筑巢，或利用雅雀的废巢"这句话改写成：松鼠在树林里生活、打闹，用采集的树叶草苔搭起了自己的窝，或是找小鸟们废弃的窝，再修理一下便算是有了新家。

师：你看，"再修理一下便算是有了新家"是不是特别有意思？我们继续交流。

生：松鼠喜欢吃松子、胡桃等坚果，有时也会跑到别的动物的巢下去偷吃小虫子或卵。

师："有时也会跑到别的动物的巢下去偷吃"，感觉很调皮的样子，非常好！我们把掌声送给这位同学。同学们，今天我们不仅仅了解到了松鼠的吃、住、外形、习性，更学会了要清楚介绍、生动说明的方法。最后，王老师留给大家两个作业：书写本课的生字，同时尝试着介绍一种你喜欢的小动物，尽可能做到清楚地介绍，生动地说明。这节课就上到这里，下课。

点评：本环节学以致用，指向表达，能否将某一事物的特征介绍清楚呢，教师设计了改写的训练。将客观的、平铺直叙的描写内容改写成生动活泼的描写，对于学生来说是有难度的。教师采用先写后评的方式，先了解学生的已有认知，给出评价标准，在对学生作品点评的基础上进行针对性的指导。另外，本单元"初试身手"中要求对散文《白鹭》进行改写，此部分的练习同样为后面的改写做了铺垫。

总　评

《松鼠》是一篇老课文，现在又出现在统编语文五年级上册的习作单元，编者意图何在？这篇文章所承载的任务与之前有何不同？这显然是我们每一位老师需要思考的问题。此类文章极有可能出现老课文老教法的现象，如何避免,王老师的这节课就给我们做了很好的示范。

一、根据文本特点,在比较中让学生学习表达的方法

这是一篇说明性文章,与本单元的《太阳》在语言表达风格上极为不同。它没有明显的说明方法,语言表达生动形象,但依然是篇说明文。这一类文章如何让学生体会它的表达风格呢?王老师多次进行了比较。

比如,让学生将《辞海》中描写松鼠的内容,与课文中的描写相对比,让学生直观体会到《松鼠》生动、活泼的语言风格,同时落实课后第二题。特别精彩的是与《太阳》一课作比较的环节。老师通过对比阅读,让学生明白了"《太阳》一课的这两段话只是讲清楚、讲明白了,但《松鼠》一课的这两段话不仅讲清楚、讲明白了,而且还讲得特别生动",从而体会《松鼠》与《太阳》表达风格的不同,进一步来说就是让学生体会到科普性说明文与文艺性说明文的语言表达风格的异同。

二、紧扣语文要素,在环环相扣中让学生学会表达的方法

本单元的语文要素要求"阅读简单的说明性文章,了解基本的说明方法。搜集资料,用恰当的说明方法,把某一种事物介绍清楚"。课后思考题第一题让学生"默读课文,把从课文中获得的有关松鼠的信息分条写下来",第二题为"读下面的句子,找出课文中相应的内容,体会表达上的不同",由此可以明确本课的教学目标:一是要读懂课文,梳理出描写松鼠的相关信息并分条记录;二是要体会表达上的不同。王老师的这节课紧扣单元要素,时时刻刻围绕课后题进行教学。

比如,王老师将词语进行分类学习,让学生通过发现词语归类的规律,较快地梳理出松鼠的相关信息,并归纳出作者是从外形、休息、饮食、住宅等多个方面来描写松鼠特点的,由此降低课后第一题学习的难度,让学生在潜移默化中巧妙地完成学习任务,同时也为学生在之后完成单元习作"介绍一种事物"时,借助这种梳理方法顺利列出写作提纲打下了基础。还有之前谈到的先拿出《辞海》中的句子,再找出课文中的段落进行对比阅读,其实就是在落实课后第二题。这样的环环相扣就是在为后面的写作做铺垫,让学生真正在阅读中学会表达。

三、关注前后关联，在潜移默化中让学生学会用方法

本单元是习作单元，设计有"精读课文""交流平台""初试身手""习作例文"和"习作"板块，意在引导学生在"精读课文"中学习表达方法，在"交流平台"中归纳梳理、提炼方法，在"初试身手"中进行初步尝试运用，在"习作例文"中进一步感知方法，最终形成单元学习成果，呈现了习作单元教学的整体性。因此，在教学时王老师就关注到了单元板块之间的关联性，做到了前后关联。

比如，王老师让学生体会语言表达风格的不同时，将《松鼠》与学过的第一篇精读课文《太阳》进行对比学习。"初试身手"的第二题将散文《白鹭》进行改写是本单元教学的难点，王老师在教学《松鼠》时就开始进行这方面的铺垫。教师通过给学生提供一段描写松鼠的资料，让学生将之改写成生动的一段话，并进行针对性的指导，从而完成改写任务，在潜移默化中为"初试身手"的改写部分奠定了基础，提前进行了练习，降低了改写难度，设计之妙着实让人佩服。

本课还有很多值得学习的地方，比如对字词的教学，从开课就开始进行，为高年级习作单元的字词教学做了很好的示范；关注学生的朗读指导，解决了实际教学时说明文需不需进行朗读指导、习作单元的精读课文是否还需要进行有感情朗读等困惑。

总之，一节好课，一定要让学生有愉悦感、有进步感！面对统编教材，要做到与编者对话才能有的放矢，有效教学！王老师的这节课就做到了。

点评：李斩棘

单位：河南省商丘市基础教育教学研究室

比较中发现文体特点，实践中学习说明方法
——《太阳》教学实录

一、故事引入，揭示课题

师： 同学们，今天上课之前王老师请大家来看一张图片（出示图片），看到这张图片，你立刻想到的故事是——

生： 后羿射日。

师： 谁听过这个故事，请举手？（生举手）这么多人听过呀！这是一个什么故事？

生： 神话故事。

师： 因为是神话故事，所以它有着非常奇特和丰富的想象，但是如果放到今天，我们用科学的眼光去看，后羿射日，你觉得有没有可能性？

生： 我觉得没有可能性，因为地球离太阳太远了，他的箭根本不可能射到太阳。

生： 再说，天上也不可能有十个太阳。

生： 还有，太阳的温度很高，就算箭射过去，也会被融化掉的。

生： 就算他射掉了太阳，那射下来的太阳去了哪里？

师： 这就是神话故事，如果我们用科学的眼光来看，会发现它有很多很特别的地方。如果用科学的视角来介绍太阳，会是什么样呢？今天我们就来学习一篇说明文，看看作者是怎样介绍太阳的，看老师写课题。

（板书课题，学生齐读课题。）

点评：开课引入"后羿射日"，设置矛盾冲突，激发学生思维的火花，用科学的眼光审视神话情节，直指说明文的表达方式，为辨识文体特征、学习说明方法奠定了基础。

二、整体感知，学习字词

师：刚才王老师说这篇课文是一篇说明文，说明文和我们平常学的诗歌、散文可不一样，它有什么特点呢？我们来看一位著名的教育家是怎么说的。

（出示课件，学生齐读。）

生：说明文以"说明白了"为成功。——叶圣陶

师：叶圣陶先生说，说明文以"说明白了"为成功。同学们预测一下，这篇说明文可能会把太阳的什么说明白了？

生：太阳对于人类的作用。

生：太阳的特征。

生：太阳和人类的关系以及太阳的大小。

师：是呀，如果这些内容都说明白了，这篇文章就成功了。接下来，我们就读一读这篇文章，想一想，读了这篇文章，你明白了哪些关于太阳的知识；同时注意把字音读准，句子读通顺，自己读自己的，可以拿出笔勾画相关的知识点。

（学生自读，勾画，教师巡视。）

师：好了，谁读明白了请举手？我们现场考一考。下面，我们来抢答一下关于太阳的知识。第一题：太阳离我们有多远？如果坐飞机要飞多久，步行呢？

生：太阳离我们有一亿五千万千米。如果坐飞机要飞行二十几年，步行日夜不停地走也要三千五百年。

师：这位同学，你很会汲取信息，表扬你。第二题：多少个地球才抵得上一个太阳那么大？

生：大约一百三十万个地球才能抵得上一个太阳那么大。

师：说得很好，他没有看书，说明他不但汲取了信息，而且记住了信息。我追问一下：可是太阳看起来只有盘子那么大，为什么？

生：因为离我们太远了，它离地球有一亿五千万千米。

师：非常好，刚才你说了一个很重要的词：抵得上，请你把"抵得上"写到黑板上。我们继续抢答第三题：太阳表面的温度是多少摄氏度？钢铁碰到它也会变成——

生：五千多摄氏度，钢铁碰到它也会变成气体。

师：很好，请你把"摄氏度"写到黑板上。我们来看第四题：太阳和我们关系密切，有了太阳，鸟、兽、鱼、虫才能干什么？没有太阳，地球上不仅不会有动物，也不会有——？

生：有了太阳，鸟、兽、鱼、虫才能生存、繁殖。没有太阳，地球上不仅不会有动物，也不会有植物。

师：请你把"繁殖""植物"两个词都写到黑板上。追问一下：我们吃的什么跟太阳也有着非常密切的关系？

生：粮食、蔬菜、水果和肉类。

师：特别好，请你把"粮食"两个字写到黑板上。

师：同学们，我们回顾一下刚才的四道抢答题，大家发现了吗？这四道题介绍了有关太阳的哪四个特点？

生：我发现了，第一道抢答题介绍了太阳的远，第二道介绍的是大，第三道题说的是热。

生：我补充一下，第四题介绍的是太阳和人类的关系很密切。

师：原来这篇文章主要介绍的就是太阳远、大、热的特点以及和我们人类关系密切。我们看看几位同学的板书，其中"抵得上""摄氏度"这两个词中有一个字有点相似，你发现了吗？

生："抵"字的右半边和"氏"字很像，不过"抵"字的右边下面有点，而"氏"字的下面没有点。

师：我们再来看看"繁殖"和"植物"这两个词语，你发现了什么？

生："繁殖"的"殖"和植物的"植"很像。"繁殖"的"殖"左边是"歹"，而"植物"的"植"左边是木字旁。

师：对，树木属于植物，所以是木字旁。繁殖的"殖"左边是"歹"，先写小短横，然后是"夕阳"的"夕"。最后，咱们来看一看"粮食"两个字，比一比，你有什么发现？

生："粮食"的"粮"右边是一个"良"，"食物"的"食"下面也是"良"，不过写法不一样。

师：有什么不同呢？

生："粮"最后一笔是一捺，"食"最后一笔是一长点。

师：请同学们试着写一写这几个生字。

（学生练习书写生字，教师巡视指导，随机点评。）

点评：以叶圣陶先生的名言为标准，引导学生预测文本内容，再在自读中汲取文本主要信息，在抢答中梳理说明要点，同时对难点字词予以提点。王老师这样处理，对于五年级的学生，对于这样一篇简单的说明文的内容教学而言，简约、省时、高效。

三、体会说明效果，习得说明方法

师：同学们，这节课是语文课，不过读这篇文章却有一种错觉，感觉像是数学课，课文中的数字可真不少呢！请大家再读课文，用笔把文中的数字勾画出来。

（学生默读勾画后交流。）

生：太阳离我们有一亿五千万千米远。

生：到太阳上去，如果步行，日夜不停地走，差不多要走三千五百年。

生：表面温度有五千多摄氏度。

生：就是坐飞机，也要飞二十几年。

生：我们看太阳，觉得它并不大，实际上它大得很，约一百三十万个地球的体积才抵得上一个太阳。

师：是啊，课文中用的数字可真不少，同学们找到了这么多句子。有了这些数字，我们会感觉到很科学，很准确。大家知道这是什么说明方法吗？

生：列数字。

师：运用列数字的方法来说明，会给读者一种很准确的感觉，大家再读一读这几句话，感受感受。

（学生自由读这几句话。）

师：同学们，感受到列数字这种说明方法的好处了吧？不过，在读下面这句也运用到列数字这种说明方法的句子时，我却发现不是特别精准。大家也读读这句话，看看你是什么感受？

（出示句子：到太阳上去，如果步行，日夜不停地走，差不多要走三千五百年；就是坐飞机，也要飞二十几年。）

（学生自由读，感受，然后交流。）

生：我也觉得不是很准确，因为我看到了一个词语：差不多。

生：还有二十几年的"几"，没有具体到一个数字，比如说是二十二，还是二十三。

师：刚才不是说列数字最大的好处就是准确吗，怎么到这里就出现了"差不多""二十几"这样的词语，又感觉不准确了，到底是准确还是不准确呢？你们讨论一下吧！

（学生讨论后交流。）

生：我觉得用上"差不多"准确，因为没人步行去过太阳，也没人能活到三千五百年。

生：而且日夜不停地走也不现实，另外，每个人的步行速度也不一样。

师：我现在知道了，这个"差不多"看着不准，实际上很准，因为没有人体验过，没有一个很确定的数字，所以作者用上"差不多"，反而让我们感觉更科学、更合理。那"二十几年"呢？

生：也是同样的道理。肯定没有人坐飞机到过太阳，我估计还没到就已经融化了。

生：飞机也不可能加那么多油吧，所以作者就估算了一下，说二十几年。

师：大家说得很好，我们再来读一读这句话，体会语言的精准。

（学生读句子，体会。）

点评：在勾画、朗读中体会"列数字"说明方法的表达效果，在比较、讨论中品味语言表达的"模糊中的精确"，聚焦表达，探幽索隐，引导学生自主发现说明性语言的精妙。

师：同学们，大家看这句话：我们看到太阳，觉得它并不大，实际上它大得很，约一百三十万个地球的体积才能抵得上一个太阳。这句话用到了我们熟悉的说明方法——

生：列数字。

师：其实，这句话不仅用到了列数字的说明方法。写太阳提到了地球，这是什么方法？

生：作比较。

师：注意作比较的"作"不是"做作业"的"做"，而是"作业"的"作"。这是一种十分常用的说明方法。你发现没有，作者特别会比较，用我们熟悉的地球来比较，大家很容易明白。课文中还写道："太阳的温度很高，表面温度有五千多摄氏度。"下面，我提供一小段资料，看看大家能不能结合数学课上学到的知识，用上课文及资料中的数字来列几个算式，计算几道数学题？为了便于大家计算，我把五千多摄氏度暂定为五千五百摄氏度。

（PPT出示：水的沸点为100摄氏度；钢铁的熔点约为1500摄氏度。）

（学生动笔计算。）

师：来，说说你列的算式和计算的结果。

生：我列的算式是 $5500 \div 100 = 55$。

生：我列的算式是 100÷5500＝1/55。

生：我算的是 5500÷1500 ≈ 3.5。

师：他写的是约等于，非常好。同学们，你们的计算是非常有价值的，计算结果用在下面的句子中，就成了作比较，赶快来试试吧！

（PPT 出示：太阳会发光，会发热，是个大火球。太阳的温度很高，表面温度有五千五百摄氏度，_____。）

生：太阳会发光，会发热，是个大火球。太阳的温度很高，表面温度有五千五百摄氏度，是水的沸点的五十五倍。

生：太阳会发光，会发热，是个大火球。太阳的温度很高，表面温度有五千五百摄氏度，水的沸点才是太阳温度的五十五分之一。

生：太阳会发光，会发热，是个大火球。太阳的温度很高，表面温度有五千五百摄氏度，差不多是钢铁熔点的 3.5 倍。

师：这几位同学都用到了列数字和作比较的方法，非常好，值得表扬，特别是最后一位同学，用到了一个差不多，很恰当。我们学习说明文，就要学会这些方法，这样才能清楚明白地介绍一样物体。同学们，作者还写到了太阳和我们的关系非常密切，那太阳和我们之间到底有着什么样的关系呢？

（学生自读课文第四自然段，勾画句子，然后交流。）

生：有了太阳，地球上的庄稼和树木才能发芽，长叶，开花，结果。

师：也就是说，没有了太阳，地球上就不会有庄稼和树木。

生：有了太阳，鸟、兽、虫、鱼才能生存、繁殖。

生：如果没有太阳，地球上就不会有植物，也不会有动物。

师：也就是说，如果没有太阳，地球上就没有植物，没有动物，总的一句话就是没有了生物。不是生物的总该有吧？

生：也不会有煤炭。埋在地下的煤炭，看起来好像跟太阳没有关系，其实离开太阳也不能形成，因为煤炭是由远古时代的植物埋在地层下形成的。

师：同学们，你们发现了没有，作者为了写清楚太阳和我们的关系密切，写到了动物、植物、煤炭等，这叫什么方法？

生：举例子。

师：作者很会举例子，他讲到的鸟见过没有？虫见过没有？鱼见过没有？庄稼、树木呢？这些我们不仅是见过的，而且还——

生：很熟悉，这些都很常见。

师：作者用常见的、熟悉的事物举例子，读者就很容易读明白，这个方法真不错。我们再读读课文第四自然段，感受这样写的好处。

（学生自由读第四自然段。）

师：同学们，写太阳和人类的关系密切，作者用到的方法是举例子，在举例子的时候，选择的都是我们常见的、熟悉的事物。如果换作你来写，作为一个小学生，你来选择熟悉的事物，会选择什么？

（PPT出示。）

穿的：校服、运动鞋……
戴的：红领巾、帽子、围巾……
用的：作业本、美术纸、软抄本、课本……
吃的：_____……
喝的：_____……

师：校服、运动鞋、红领巾、作业本、美术纸、软抄本、课本，大家都熟悉吧，吃的、喝的一定有很多你也很熟悉的，我们也来举例子说明一下，拿出笔写一写吧。

（PPT出示。）

太阳虽然离我们很远很远，但是它和我们的关系非常密切。我们穿的_____，戴的_____，用的_____，吃的_____，喝的_____，都和太阳有密切关系。

（学生动笔写，然后交流。）

生1：太阳虽然离我们很远很远，但是它和我们的关系非常密切。我们穿的校服、运动鞋，戴的红领巾、帽子、眼镜，用的作业本、课本，吃的米饭、面条，喝的豆浆、牛奶，都和太阳有密切的关系。

生2：（质疑）眼镜和太阳有什么关系？

生1：眼镜用的框架是塑料的。

生2：他穿的说了两个，戴的说了三个，用的说了两个，吃的也说了两个，喝的说了两个，我觉得那样有点乱。

师：我们帮他改一改。

生2：太阳虽然离我们很远很远，但是它和我们的关系非常密切。我们穿的校服、棉衣，戴的帽子、手套，用的牙刷、毛巾，吃的米饭、水果，喝的牛奶、豆浆，都和太阳有密切关系。

师：数学挺好，全都是两个，而且和刚才的同学还有不同，谁来继续交流。

生：太阳虽然离我们很远很远，但是它和我们的关系非常密切。我们穿的校服、鞋子，戴的围巾、帽子，用的书本、桌子、椅子，吃的米饭、面条、苹果，喝的牛奶、豆浆、果汁，都和太阳有密切关系。

生：太阳虽然离我们很远很远，但是它和我们的关系非常密切。我们穿的校服、运动鞋，戴的帽子、围巾，用的纸张、钢笔，吃的蔬菜、水果，喝的牛奶、白开水，都和太阳有密切关系。

生：太阳虽然离我们很远很远，但是它和我们的关系非常密切。我们穿的校服、运动鞋、外套，戴的帽子、手套、围巾，用的作业本、桌子、手帕，吃的蔬菜、水果、鸡蛋，喝的牛奶、果汁、白开水，都和太阳有密切关系。

点评：在阅读中学习表达方法，是习作单元精读课文承载的基本功能。王老师在这个板块设计两次指向表达的言语实践活动，贴合文本语境，贴近生活实际，接近"最近发展区"，给学生提供主动实践与深入体验的支架，让"作比较"和"举例子"说明方法的运用悄然落地。

四、总结及作业

师：同学们，今天我们学习了一篇说明文，说明文一定要说明白了，刚才这几位同学说得很明白，非常好，值得表扬。时间过得飞快，现在已经到了下课的时间。最后，王老师留给同学们几个作业：（1）书写本课所学到的生字；（2）尝试着根据以下的资料用学到的说明方法介绍月球。

（PPT出示有关月球的资料。）

与地球之间的距离大约是384402千米。

月球的年龄大约是46亿岁。

体积只有地球的1/49。

月球表面的重力约是地球重力的1/6。

在月球赤道外，中午气温高达127℃，在黎明前则下降到−183℃。

师：请同学们用上本节课学到的列数字、作比较、举例子等方法来介绍月球，注意一定要说明白了。好了，下课。

点评："介绍月球"的作业，是对本课所学说明方法的综合应用与及时巩固，再次凸显习作单元的实践性，让学生在反复尝试中获得学习体验，最终形成言语能力。

总 评

《太阳》是一篇科普短文，人教版教材编排在三年级下册，统编教材安排在五年级上册习作单元里。由此可见，两者承担的教学功能不尽相同，教学重点和方法自然也不应相同。作为习作单元的精读课文，究竟该如何教？王老师的这节课，给我们指明了方向。

一、关注文体特点

与普通单元相比，习作单元的精读课文教学更强调既"得意"又"得言"。基于此，我们就不能忽视选文的体裁差异，关注不同文体的表达秘妙，挖掘文本的核心价值。王老师开课伊始，便借助"后羿射日"的图片和叶圣陶先生的名言，在质疑中比较，让学生对神话故事与科学说明文的表达差异有了一个清晰的辨析与认知。后续教学，紧紧围绕说明对象、说明方法等学习重点来展开。

二、指向语言表达

《太阳》被编排在五年级的习作单元里，其功能就是聚焦表达，服务习作。王老师深谙编者意图，执教本课，不在内容理解层面过多纠缠，而在言语形式和言语意图的教学上重锤敲打，着力让学生在阅读和表达实践中了解、使用"列数字""作比较""举例子"这三种基本的说明方法，为实现单元习作目标——"用恰当的说明方法，把某一种事物介绍清楚"奠定基础。

三、凸显言语实践

习作单元精读课文以"表达"为本位追求，王老师睿智而机敏地开掘出文本的教学价值，设计了多处匠心独运的读写实践活动，令人叫绝。无论是对"精确数据"和"适度模糊"的对比体悟，从"列式计算"到"文字作比"的融合变形，用"身边事物"对"文本列举"的代入替换，还是课后的综合运用作业"介绍月球"，每一处都设计新颖，引人入胜，行之有效。这样的课堂，能让我们聆听到学生言语智慧和言语个性的拔节之声。

点评：王华星（全国青年名师）

单位：安徽省太湖县新城小学